マンガでわかる SDGs

Sustainable Development

SDGsビジネス総合研究所 経営戦略会議［監修］
サイドランチ［編集協力］ 河村万理［作画］

PHPエディターズ・グループ

はじめに

最近、テレビや新聞などでもしばしば取り上げられる「ＳＤＧｓ（エス・ディ・ジーズ）」。初めは読み方さえあやふやなこの言葉をインターネットで検索してみると、おそらく最初に見つかるのは外務省のホームページでしょう。

そこにはこのように書かれています。

持続可能な開発目標（ＳＤＧｓ）とは、２００１年に策定されたミレニアム開発目標（ＭＤＧｓ〈エム・ディ・ジーズ〉）の後継として、２０１５年9月の国連サミットで採択された「持続可能な開発のための２０３０アジェンダ」にて記載された２０１６年から２０３０年までの国際目標です。持続可能な世界を実現するための17のゴール・１６９のターゲットから構成され、地球上の誰一人として取り残さない（leave no one behind）ことを誓っています。

この説明でＳＤＧｓを理解された方には、本書は必要ないかもしれません。
「……で、ＳＤＧｓって結局なんなの？」「何をどうしたらいいの？」「ＳＤＧｓってビジネスに何かいいことあるの？」
そんな疑問を持たれた方こそ、ぜひ本書を読んでください。

本書は、概念的で、なかなか全体像をつかみづらいＳＤＧｓを、漫画と解説を用いてわかりやすく説明した入門書です。17のゴール、そして、１６９のターゲットについては解説ページにて取り上げていますが、最初は漫画ページだけを読んで概要をつかむのもおすすめです。

何かビジネスに役立つ面白いことが知れたら——まずは、そんな気軽な気持ちでページをめくってみてください。

目次

CHAPTER 4 ＳＤＧｓを「ビジョン」に！

主な登場人物

池嶋《いけしま》 亮子《りょうこ》

**静岡のお茶メーカーの
総務部主任。**

社長の命により、SDGsについて学ぶことに。努力家で責任感が強く、多くの課題・難題に立ち向かう。

雪田《ゆきた》社長

静岡のお茶メーカーの社長。

会社の持続可能な発展のため、SDGsへの取り組みを決意。常に未来志向で、多くの課題を発見し新たな価値の創造を行う。

羽田《はねだ》 敏也《としや》

**経営品質向上コンサルタント、
雪田社長のビジネスパートナー。**

池嶋とともにSDGsを学びながらアドバイスしてくれる常に冷静で面倒見が良いナイスガイ。

村神《むらかみ》

**池嶋が参加したセミナーで
知り合ったコンサルタント。**

SDGsとビジネスチャンス創出をテーマに、日々さまざまな企業の課題解決、ビジョン構築を行っている。

小川《おがわ》 裕美子《ゆみこ》

**村神と親交のある
起業家。**

主婦として家庭を支えながら作業療法士の資格を取得。今では保育園から老人ホームまでを経営するスーパーウーマン。

SUSTAINABLE
DEVELOPMENT
GOALS

**2030年に向けて
世界が合意した
「持続可能な開発目標」です**

CHAPTER

01

▼

SDGsってなに？

『SDGsとは――持続可能な開発目標』…？
『2030アジェンダ』…
『17のゴール・169のターゲット』…⁇

株式会社 大井川茶園
大井川茶園
株式会社 大井川茶園
コポ
コポ
ゴクン
あー
今日もお茶が美味しい!!
総務部主任
池嶋《いけしま》 亮子《りょうこ》

お朝からやってるねぇ
私も一杯いただこうかな
ガタ
もちろん！ほんとうちのお茶ってサイコーですよね
チャッ
おつかれー！
雪田《ゆきた》社長
キラリ
雪田社長！おはようございます!!
池嶋さんちょっといい？
？

社長室
えすでぃ…？ なんですか？
きょとん
SDGs《エスディジーズ》だよ！ 知らないの？
全然 知らないです 何なんですか？ 教えてください
それは自分で調べないと！ SDGsじゃないよ！
えぇー
…ケチ
今なんか言った？
いえいえいえ で そのエスディージーズ？っていうのがどうしたんですか？

フッ
いやさ僕は
SDGsを
知ったとき
あの日のことを
思い出したんだ…
ガタッ
絶対に
反対です！
地震が
起こったのは
昨日ですよ？
まだ全容も
見えないのに
いつもどおり来週
イベントを開く
なんて……
…

2011年3月11日
未曾有の大震災が
起こった当日
僕は東京にいた
当日は結局
新幹線も動かず
静岡にも帰れなかった
翌土曜日の朝
僕は動き出した
新幹線に飛び乗って
静岡まで戻り
その足ですぐ会社に向かって
出勤していた社員たちに
宣言したんだ
大井川茶園
いや
来週土曜日の
イベントは
震災復興
チャリティとして
開催する
不謹慎ですよ!
みんな
そんな気分には
なれないと
思います!
社長
今年は止めて
おきましょう!
ざわ…

いや違う
こんなとき
だからこそ
やらなきゃ
いけないんだ
社長……
そして
翌週末の
土曜日――
地元の皆様の感謝の集い&チャリティ寄席
月亭八天
復興チャリティ
イベントには
たくさんの地元の方が
来てくれて
被災地に
たくさんの
寄付金を送る
ことができた！

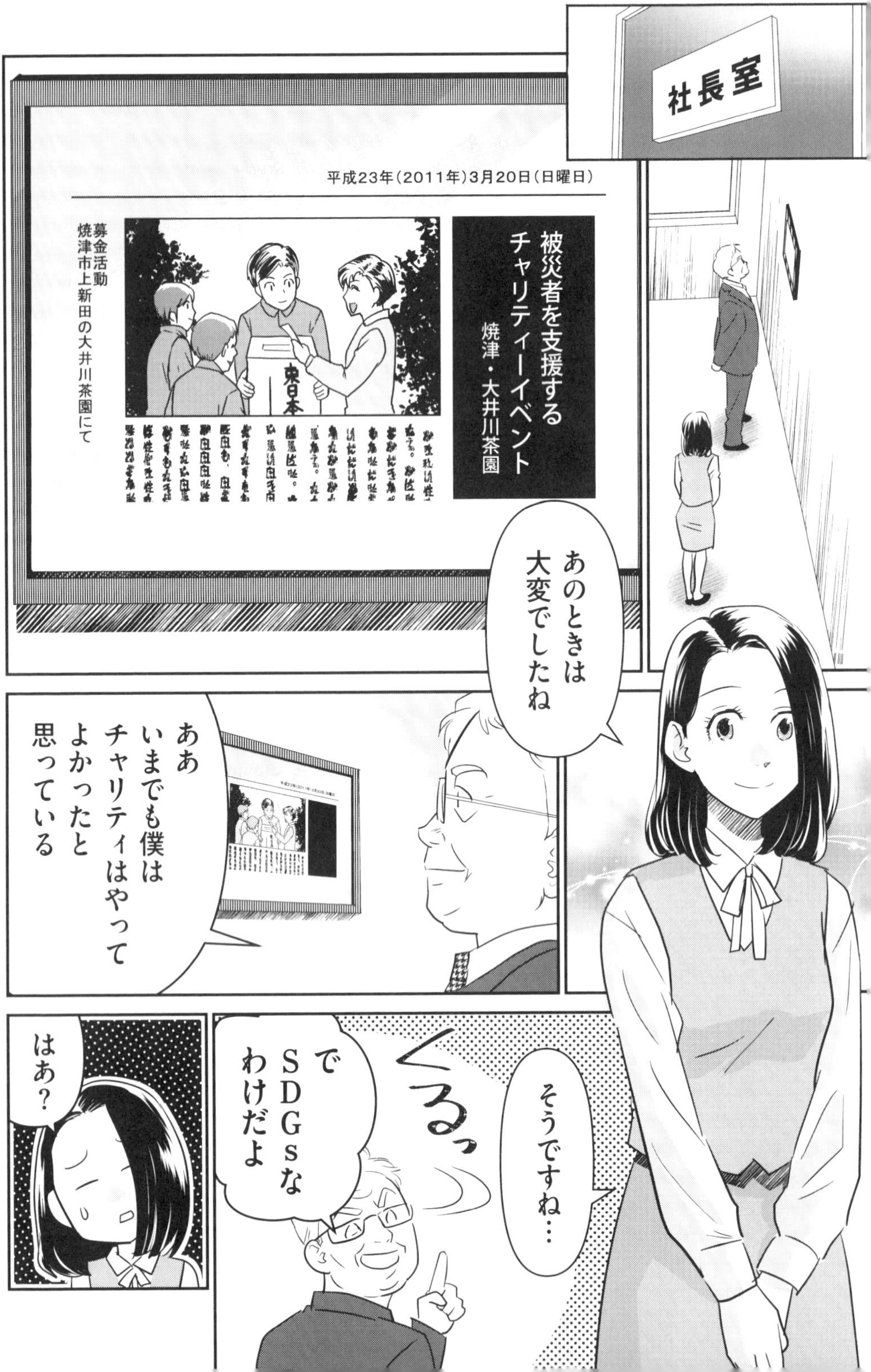
社長室
平成23年（2011年）3月20日（日曜日）
被災者を支援するチャリティーイベント
焼津・大井川茶園
募金活動
焼津市上新田の大井川茶園にて
あのときは大変でしたね
ああ いまでも僕は チャリティはやって よかったと 思っている
そうですね…
くるっ
で SDGsな わけだよ
はあ？

あの日の僕らの気持ちはまさにSDGsに繋がってるわけだ
はあ
ということで
池嶋さんは今日からSDGsの推進室の室長ね！
ビシッ
はあ……って
え？
室長!?!?!?
えぇ!!

パーパーッ
ということで
SDGs
推進室室長となった
池嶋さんに拍手！
パチ
パチ
パチ
ほら…
みんな完全に
引いてん
じゃん…
じゃ
みんなそれぞれ
SDGsについて
調べて自分に何が
できるか
考えてみてね！

パタン
ちょっと亮子ちゃんどうなってんの
わっ
何すればいいの？
えっとぉエスディーなんとかっていうのはぁ
マズいなあ…
SDGsってなに？
チャッ
すみませーん…入り口で工場見学したいって小学校の先生と生徒さんたちに会ったんだけど
誰か対応してくれない？
コンサルタント
羽田《はねだ》 敏也《としや》
あっ羽田さん‼

わたし！
私
行きます!!
ブーブー
ちょっとー
まだ説明が…
パタ
パタ
呼ばれてるんでちょっと行ってきます！
きゃっ
きゃっ
はーい！みなさんこんにちは！
子供って…元気だよなあ
今日は静岡が誇る名産みんなが毎日飲んでいる美味しいお茶の作り方を見ていきますよー！
わあっ

※実際には、説明係の社員も衛生帽子とマスクを着用します。

次に葉っぱに水蒸気熱を加えます 熱を加えることで葉っぱの発酵を止めたりします
蒸熱
大体蒸し時間は30〜60秒くらい
時間を短くすると〝浅蒸し茶〟
長くすると〝深蒸し茶〟って言われるの
この工程はお茶の性格つまり「味」「香り」「お茶を淹《い》れた時の色（水色《すいしょく》）」の決め手になると言われているの
すげ〜
きゃっきゃっ
くす

続いて お茶を揉んで いきます
『粗揉』『揉捻』『中揉』『精揉』
葉っぱは この4段階に 分けて 徐々に 乾燥させながら 揉んでいくの
粗揉《そじゅう》
この工程では 乾燥した熱風を 送り込みながら 葉っぱを撹拌させて 適度に摩擦・圧迫しながら 乾かします
この時均一に 効率よく 乾燥させることが 大切です
揉捻《じゅうねん》
揉捻工程は お茶っぱが お団子状になるように 加重をかけて 水分を絞り出すように 揉みます
葉っぱが お団子状になったら 加重を外して お団子をほどくように 揉みます
中揉《ちゅうじゅう》
中揉工程は さらに乾燥した 熱風を加えながら 茶葉を撚るように 揉んでいきます
この時 葉っぱの表面だけが 乾かないように 均一に乾燥させる ことが大切です

煎茶って独特の細長い形をしてるでしょ？
精揉《せいじゅう》
この煎茶特有の形状は加熱された揉盤の上で茶葉に加重をかけて前後運動をさせせながら整形するの
最後に乾燥機っていう工程にとおして冷ましたら「荒茶」の出来上がり
乾燥させることで水分が抜けて仮に100キロあった葉っぱは約20キロの荒茶になります
この工場でできるのはここまで！
続きは隣の工場
あの倉庫の奥にあるところね

そこで『仕上げ加工』
『パック詰め』『鮮度維持』をして
仕上げ加工
できあがった荒茶は「仕上げ」という火入れ乾燥の技術で「茶師」と呼ばれる職人さんがおいしく仕上げます
ふるい分けをして素材ごとに仕上げたら最後に混ぜ合わて「仕上げ茶」の出来上がり!!
パック詰め
仕上げ茶の安全検査をしたら袋にお茶を詰めます
この時お茶と一緒に窒素を充填じて酸素や湿気を追い出して密封することでお茶の鮮度を保ちます
銘茶極
銘茶
鮮度維持
限られた時期しか摘み取れない荒茶や仕上茶は真空パックにして冷蔵庫で管理
これにより年間を通じて安定した品質のお茶を提供できる
出荷
お客様の注文に応じて商品を出荷
新鮮なお茶を産地より直接お届け！
GO!!

『出荷』
つまりみんなの手元に届くわけです！
すごーい
やったー
お姉さん今日はありがとうございましたー
気をつけて帰ってねー
SDGs…ってこれか
うわ外務省とか書いてある
むぅ…
English
JAPAN SDGs Action Platform
SDGsとは？
ジャパンSDGsアワード
SDGsとは？
持続可能な開発目標（SDGs）とは
持続可能な開発目標
持続可能な開発目標（SDGs）とは，
2001年に策定された
ミレニアム開発目標（MDGs）の後継として，
2015年9月の国連サミットで採択された
「持続可能な開発のための2030アジェンダ」にて
記載された2016年から2030年までの国際目標です。
持続可能な世界を実現するための
17のゴール・169のターゲットから構成され，
地球上の誰一人として取り残さない
(leave no one behind)ことを誓っています。
SDGsは発展途上国のみならず，先進国自身が
取り組むユニバーサル（普遍的）なものであり，
日本としても積極的に取り組んでいます。

『ＳＤＧｓとは——持続可能な開発目標』…？
『２０３０アジェンダ』…
『17のゴール・１６９のターゲット』…??
むむ…
カー
池嶋さん！お疲れ！
あっ
羽田さん お疲れ様です
工場案内上手くなったね～
もう数え切れないほどやっているんで!!
へ～それにしては浮かない顔だね何かあった？
はぁ
実は…

なるほど
池嶋さんがSDGsの初代推進室室長にね～
ずっと調べているんですが全然わからなくて
そっか…でも俺池嶋さんは努力家だから大丈夫だと思う
工場案内のようになんとかなるさ
そう言えば最初工場案内を担当した時は説明が下手で失敗したなぁ
でも何度も経験している内に説明も小学生にもわかりやすいよう組み立てられたっけ
??
おおっ
そのエスディーなんちゃらってやつ俺にはよくわかんねえけどさ

雪田社長が言うんだし なんか意味が あるんじゃないのか？
おれも エスディー なんちゃらのこと 勉強するから 池嶋さんも 一緒にやってみようよ
……
やってみて 見えることも あると思うし
コク…
そう ですね
うん 私 やってみます！

SDGsの歴史と概要

「持続可能な開発」とは？

ＳＤＧｓとは「Sustainable Development Goals」の頭文字をとった略称で、日本では「持続可能な開発目標」と訳されます。ではそもそも、この「持続可能な開発」とはどういう意味なのでしょうか。

「持続可能な開発」という言葉が登場したのは１９８７年。いまから30年以上も前のことです。ブラックマンデーやＩＮＦ全廃条約の調印など、国際的にも大きな動きのあったこの年に、国連の「環境と開発に関する世界委員会」が発表したのが、『Our Common Future（われら共有の未来）』という報告書でした。

委員長（当時のノルウェー首相）の名にちなんで『ブルントラント・レポート』とも呼ばれる報告書の、中心的な考え方こそが「持続可能な開発」。「将来の世代のニーズを満たしつつ、現在の世代のニーズも満足させるような開発」と定義されたこの言葉は、地球環境保全をめぐる概念のひとつとして誕生したのです。

ミレニアム開発目標（ＭＤＧｓ）

１９９０年代に入ると、本格的に各国の指導者の間でも「世界の長期的な安定と平和のためには地球環境や貧困問題の解決が不可欠」という認識が広がり、さまざまな議論が活発になっていきます。

そうして迎えた２０００年９月。21世紀における国連の役割を話し合うために、ニューヨークで開かれた国連ミレニアム・サミットには、実に世界１８９カ国の代表が出席しました。このサミットで「国連ミレニアム宣言」が採択されます。そして、この宣言と過去のさまざまな合意を統合して８つの目標にまとめたものが「ミレニアム開発目標」、いわゆるＭＤＧｓ（エム・ディー・ジーズ）です。

開発途上国の生活状況改善を主な目標としたＭＤＧｓは、その達成期限を２０１５年までとし、成果重視型の数値目標を設定しました。

MDGs（ミレニアム開発目標）8つの目標

目標1
極度の貧困と飢餓の撲滅

目標5
妊産婦の健康の改善

目標2
初等教育の完全普及の達成

目標6
HIV／エイズ、マラリア、その他の疾病の蔓延の防止

目標3
ジェンダー平等推進と女性の地位向上

目標7
環境の持続可能性確保

目標4
乳幼児死亡率の削減

目標8
開発のためのグローバルなパートナーシップの推進

ＭＤＧｓの成果と課題

15年間にわたって行われた国際社会のＭＤＧｓに対する取り組みは、一定の成果を生みました。外務省の発表によると、例えば目標１「極度の貧困と飢餓の撲滅」ならば、極度の貧困状態（＝一日１・25ドル未満で暮らす）に置かれた人が、１９９０年には約19億人いましたが、２０１５年には約８・４億人と半数以下に減少しています。

また、目標６「ＨＩＶ／エイズ、マラリア、その他の疾病の蔓延の防止」においても、２０００年から２０１４年までに、世界の新規ＨＩＶ感染者数は約35％減少。また、マラリア感染からは約６２０万人、結核からは約３７００万人もの命が救われたと推定されています。

一方で、多くの課題も浮かび上がりました。さまざまな格差、母子保健、衛生の分野などで達成率の低さが目立ちました。また目標達成以前に、サハラ以南のアフリカに代表され

MDGsの達成された成果と残された課題

改善された点

・世界全体では極度の貧困の半減を達成
・世界の飢餓人口は減少し続けている
・不就学児童の総数は約半減
・マラリアと結核による死亡は大幅に減少
・安全な飲料水を利用できない人の割合の半減を達成　など

残された課題

・国内での男女、収入、地域格差が存在
・５歳未満児死亡率は減少するも、目標達成には遠い
・妊産婦の死亡率は低減に遅れ
・改良された衛生施設へのアクセスは十分ではない　など

出典：外務省「2015年版開発協力白書 日本の国際協力」

る一部地域では、取り組みへの参加自体に消極的な姿勢を取る国もありました。その背景には、先進国主導で決定されたＭＤＧｓへの反発もあったようです。そして何より、15年の間に自然環境の変化や気候変動、紛争の勃発など、世界を取り巻く問題は大きく様変わりしました。

このように残された課題や、新たに起こった問題を解決するため、ＭＤＧｓの達成期限である２０１５年を前にして、次なる国際目標を策定することになりました。

こうして生まれたのが、本書のテーマであるＳＤＧｓです。

ＳＤＧｓの誕生

ＳＤＧｓは、２０１５年９月の国連サミットにおいて採択された成果文書『持続可能な開発のための２０３０アジェンダ』における中心的な考え方です。世界の貧困をなくし、持続可能な社会の実現を目指した世界共通の17の目標（ゴール）と、それらを達成するために必要な１６９のターゲット（達成基準）から構成されています。目標の達成期限は２０３０年です。

ＭＤＧｓとＳＤＧｓの違いは多くあります。たとえば、国連の専門家の主導で策定されたＭＤＧｓに対し、ＳＤＧｓは政府や国際機関のほか、ＮＧＯや民間企業、市井《しせい》の人々なども積極的に議論に参加してつくられました。また、ＭＤＧｓはおもに後発開発途上国（以下、途上国）を対象としていましたが、ＳＤＧｓは先進国を含むすべての国や地域を対象としているのも特徴です。

SDGsの17の目標は、MDGsをベースにしつつ、新たな分野も盛り込まれています。

「誰も置き去りにしない※」世界を目指して

SDGsでは「No one will be left behind」、つまり「誰も置き去りにしない」という理念を掲げています。途上国だけでなく先進国のニーズも満たす、持続可能な社会の実現には、それぞれ少しずつリンクしている17の目標に対して総合的に取り組むことが大切です。

続く2章の漫画ページでは、本章で紹介した内容をおさらいしつつ話を進め、解説ページでは17の目標をより細かく見ていきます。

※国連や外務省等では"No one will be left behind"を「誰ひとり取り残さない」と訳していますが、本書ではより原文の意味合いに近く「誰も置き去りにしない」と訳して紹介しています。

MDGsとSDGsの違い

2001〜2015年	2016〜2030年
MDGs **ミレニアム開発目標** Millennium Development Goals	**SDGs** **持続可能な開発目標** Sustainable Development Goals
8ゴール・21ターゲット （シンプルで明快）	**17ゴール・169ターゲット** （包括的で、互いに関連）
途上国の目標	**すべての国の目標** （＝ユニバーサリティ）
国連の専門家主導	**国連全加盟国で交渉** **実施手段（資金・技術）**

出典：外務省「持続可能な開発目標（SDGs）と自治体の連携 〜国際動向と我が国の取組〜」

SDGs17の目標

1 貧困をなくそう
2 飢餓をゼロに
3 すべての人に健康と福祉を
4 質の高い教育をみんなに
5 ジェンダー平等を実現しよう
6 安全な水とトイレを世界中に
7 エネルギーをみんなにそしてクリーンに
8 働きがいも経済成長も
9 産業と技術革新の基盤をつくろう
10 人や国の不平等をなくそう
11 住み続けられるまちづくりを
12 つくる責任つかう責任
13 気候変動に具体的な対策を
14 海の豊かさを守ろう
15 陸の豊かさも守ろう
16 平和と公正をすべての人に

17 パートナーシップで目標を達成しよう
SUSTAINABLE DEVELOPMENT GOALS
2030年に向けて世界が合意した「持続可能な開発目標」です

改めて17の目標をひとつずつ見ていくと意外に身近なテーマもあるみたい

ターゲットの紹介Part.1　目標1〜3

目標 1.
あらゆる場所のあらゆる形態の貧困を終わらせる

1.1　2030年までに、現在1日 1.25ドル未満で生活する人々と定義されている極度の貧困をあらゆる場所で終わらせる。
1.2　2030年までに、各国定義によるあらゆる次元の貧困状態にある、すべての年齢の男性、女性、子どもの割合を半減させる。
1.3　各国において最低限の基準を含む適切な社会保護制度及び対策を実施し、2030年までに貧困層及び脆弱層に対し十分な保護を達成する。
1.4　2030年までに、貧困層及び脆弱層をはじめ、すべての男性及び女性が、基礎的サービスへのアクセス、土地及びその他の形態の財産に対する所有権と管理権限、相続財産、天然資源、適切な新技術、マイクロファイナンスを含む金融サービスに加え、経済的資源についても平等な権利を持つことができるように確保する。
1.5　2030年までに、貧困層や脆弱な状況にある人々の強靱性（レジリエンス）を構築し、気候変動に関連する極端な気象現象やその他の経済、社会、環境的ショックや災害に暴露や脆弱性を軽減する。
1.a　あらゆる次元での貧困を終わらせるための計画や政策を実施するべく、後発開発途上国をはじめとする開発途上国に対して適切かつ予測可能な手段を講じるため、開発協力の強化などを通じて、さまざまな供給源からの相当量の資源の動員を確保する。
1.b　貧困撲滅のための行動への投資拡大を支援するため、国、地域及び国際レベルで、貧困層やジェンダーに配慮した開発戦略に基づいた適正な政策的枠組みを構築する。

目標 2.
飢餓を終わらせ、食料安全保障及び栄養改善を実現し、持続可能な農業を促進する

2.1　2030年までに、飢餓を撲滅し、すべての人々、特に貧困層及び幼児を含む脆弱な立場にある人々が一年中安全かつ栄養のある食料を十分得られるようにする。
2.2　5歳未満の子どもの発育阻害や消耗性疾患について国際的に合意されたターゲットを2025年までに達成するなど、2030年までにあらゆる形態の栄養不良を解消し、若年女子、妊婦・授乳婦及び高齢者の栄養ニーズへの対処を行う。
2.3　2030年までに、土地、その他の生産資源や、投入財、知識、金融サービス、市場及び高付加価値化や非農業雇用の機会への確実かつ平等なアクセスの確保などを通じて、女性、先住民、家族農家、牧畜民及び漁業者をはじめとする小規模食料生産者の農業生産性及び所得を倍増させる。
2.4　2030年までに、生産性を向上させ、生産量を増やし、生態系を維持し、気候変動や極端な気象現象、干ばつ、洪水及びその他の災害に対する適応能力を向上させ、漸進的に土地と土壌の質を改善させるような、持続可能な食料生産システムを確保し、強靭（レジリエント）な農業を実践する。
2.5　2020年までに、国、地域及び国際レベルで適正に管理及び多様化された種子・植物バンクなども通じて、種子、栽培植物、飼育・家畜化された動物及びこれらの近縁野生種の遺伝的多様性を維持し、国際的合意に基づき、遺伝資源及びこれに関連する伝統的な知識へのアクセス及びその利用から生じる利益の公正かつ衡平な配分を促進する。
2.a　開発途上国、特に後発開発途上国における農業生産能力向上のために、国際協力の強化などを通じて、農村インフラ、農業研究・普及サービス、技術開発及び植物・家畜のジーン・バンクへの投資の拡大を図る。
2.b　ドーハ開発ラウンドの決議に従い、すべての形態の農産物輸出補助金及び同等の効果を持つすべての輸出措置の並行的撤廃などを通じて、世界の農産物市場における貿易制限や歪みを是正及び防止する。
2.c　食料価格の極端な変動に歯止めをかけるため、食料市場及びデリバティブ市場の適正な機能を確保するための措置を講じ、食料備蓄などの市場情報への適時のアクセスを容易にする。

目標 3.
あらゆる年齢のすべての人々の健康的な生活を確保し、福祉を促進する

3.1　2030年までに、世界の妊産婦の死亡率を出生10万人当たり70人未満に削減する。
3.2　すべての国が新生児死亡率を少なくとも出生1,000件中12件以下まで減らし、5歳以下死亡率を少なくとも出生1,000件中25件以下まで減らすことを目指し、2030年までに、新生児及び5歳未満児の予防可能な死亡を根絶する。
3.3　2030年までに、エイズ、結核、マラリア及び顧みられない熱帯病といった伝染病を根絶するとともに肝炎、水系感染症及びその他の感染症に対処する。
3.4　2030年までに、非感染性疾患による若年死亡率を、予防や治療を通じて3分の1減少させ、精神保健及び福祉を促進する。
3.5　薬物乱用やアルコールの有害な摂取を含む、物質乱用の防止・治療を強化する。
3.6　2020年までに、世界の道路交通事故による死傷者を半減させる。
3.7　2030年までに、家族計画、情報・教育及び性と生殖に関する健康の国家戦略・計画への組み入れを含む、性と生殖に関する保健サービスをすべての人々が利用できるようにする。
3.8　すべての人々に対する財政リスクからの保護、質の高い基礎的な保健サービスへのアクセス及び安全で効果的かつ質が高く安価な必須医薬品とワクチンへのアクセスを含む、ユニバーサル・ヘルス・カバレッジ（UHC）を達成する。
3.9　2030年までに、有害化学物質、ならびに大気、水質及び土壌の汚染による死亡及び疾病の件数を大幅に減少させる。
3.a　すべての国々において、たばこの規制に関する世界保健機関枠組条約の実施を適宜強化する。
3.b　主に開発途上国に影響を及ぼす感染性及び非感染性疾患のワクチン及び医薬品の研究開発を支援する。また、知的所有権の貿易関連の側面に関する協定（TRIPS 協定）及び公衆の健康に関するドーハ宣言に従い、安価な必須医薬品及びワクチンへのアク セスを提供する。同宣言は公衆衛生保護及び、特にすべての人々への医薬品のアクセス提供にかかわる「知的所有権の貿易関連の側面に関する協定（TRIPS 協定）」の柔軟性に関する規定を最大限に行使する開発途上国の権利を確約したものである。
3.c　開発途上国、特に後発開発途上国及び小島嶼開発途上国において保健財政及び保健人材の採用、能力開発・訓練及び定着を大幅に拡大させる。
3.d　すべての国々、特に開発途上国の国家・世界規模な健康危険因子の早期警告、危険因子緩和及び危険因子管理のための能力を強化する。

CHAPTER
02

SDGsでできること

SDGs
とは
う〜ん
よくわかるSDGs
SDGs世界を変える17の目標
SDGs解説！
とりあえず
ここまで
調べたことを
まとめてみようか
そうですね

まず発展途上国から貧困をなくすために2001年に国連で策定された開発目標――
MDGs《エムディジーズ》っていうのがあって
株式会社 大井川茶園
ミレニアム開発目標
Millennium Development Goals
これは8つの分野別目標と21の達成基準を掲げた国際目標で
国連が主導して一定の成果をあげたものでした
8つの目標
ズズ…
でこれが2015年までの達成目標だったから
その後継として――

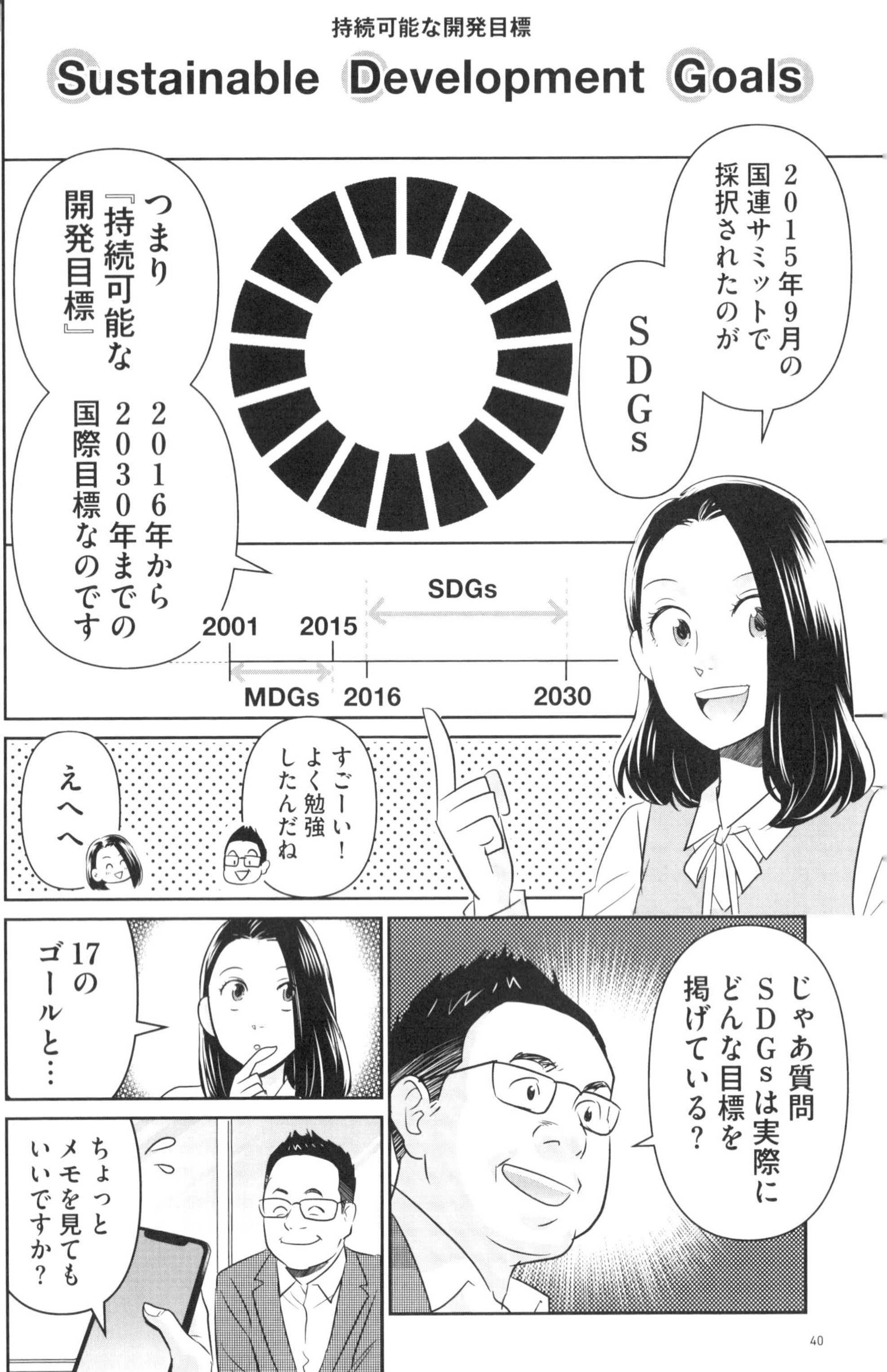

持続可能な開発目標
Sustainable Development Goals
2015年9月の国連サミットで採択されたのがSDGs
つまり『持続可能な開発目標』
2016年から2030年までの国際目標なのです
SDGs
2001
2015
MDGs
2016
2030
すごーい！よく勉強したんだね
えへへ
じゃあ質問 SDGsは実際にどんな目標を掲げている？
17のゴールと…
ちょっとメモを見てもいいですか？

えっと
持続可能な世界を実現するために
SDGsでは17の分野別の目標と
169の達成基準いわゆるターゲットから構成されてます
持続可能な世界を実現する
SDGsでは17のゴール
169のターゲットから構成
されています
言葉は
SUSTAINABLE DEVELOPMENT GOALS
世界を変えるための17の目標
1 貧困をなくそう
2 飢餓をゼロに
3 すべての人に健康と福祉を
4 質の高い教育をみんなに
5 ジェンダー平等を実現しよう
6 安全な水とトイレを世界中に
7 エネルギーをみんなにそしてクリーンに
8 働きがいも経済成長も
9 産業と技術革新の基盤をつくろう
10 人や国の不平等をなくそう
11 住み続けられるまちづくりを
12 つくる責任つかう責任
13 気候変動に具体的な対策を
14 海の豊かさを守ろう
15 陸の豊かさも守ろう
16 平和と公正をすべての人に
17 パートナーシップで目標を達成しよう
SUSTAINABLE DEVELOPMENT GOALS
2030年に向けて世界が合意した「持続可能な開発目標」です
合言葉は〝誰も置き去りにしない〟

パチ
パチ
正直いまだピンときてないんですが
この〝誰も置き去りにしない〟ってスタンスが気に入ったんですよね
じゃあさ もうひとつ質問 〝持続可能な開発〟ってどういうことだとおもう？
え？ それは… 持続可能だから
現在
未来
開
『ずっと続けていける開発』ってことじゃないんですか？
うーん この言葉ってちょっと独特なんだ
僕も最初わかんなくて調べたんだけど
もともと〝持続可能な開発〟ってひとつの概念なんだよ
概念？

そう〝持続可能な開発〟って
現在の世代
将来の世代
欲求
POINT!
〝将来の世代の欲求を満たしつつ現在の世代の欲求も満足させるような開発〟
っていう意味なんだって
え そんな意味があるんですか？
うん 外務省のホームページに載ってたんだ
国連が設置した『環境と開発に関する世界委員会』っていうのがあって
その報告書に盛り込まれた概念なんだって
へぇ！全然知りませんでした

僕もだよ もともと〝Sustainable Development〟っていう英語を
〝持続可能な開発〟っていう分かりそうで掴みづらい日本語訳されて独り歩きしちゃったのかなって
ハッ
あ！もしかして
SDGsって持続可能な開発目標
将来の世代と現在の世代
開発途上国も先進国も共通して目指すことになった目標
ってことですかね？
将来の世代
共通目標
現在の世代

そうそう！
開発途上国だけじゃなくて先進国も対象になってるのがMDGsと違うところなんだね
はあなんかモヤモヤしてたのがちょっとスッキリしました
よかった
開発途上国も先進国も同じように頑張る…
うーん具体的にうちの会社で何をしたらいいんですかね？
ちょっと調べてみたんだけど
パラ
実際の企業だとお笑い芸能事務所と国連がタッグを組んでPRムービーを作ってたり

キャラクター会社が自社のキャラクターを使って外務省とＳＤＧｓに関する取り組みを紹介する動画をつくってたり
国連…
外務省…
あとは住宅用の設備機械とかをつくっている会社だと開発途上国向けの簡易トイレをつくったり
飲料食品会社だと自社製品の宅配システムっていうビジネスモデルを
途上国で広めることで人々の健康意識を上げるとともに女性の就労機会を提供したり
マラリア対策に力を入れていた総合化学メーカーが防虫剤を練り込んだ蚊よけネットを現地生産することで就労環境の整備をしたり
おお

各社自分たちの強みを生かしていろいろ取り組んでいるよね
たしかに素晴らしい取り組みですけど…
正直　大企業は余裕もあるし色々できるでしょうよって思う自分もいます
たしかにね
世界のための壮大な目標に
うちみたいな会社ができることって本当にあるんでしょうか？
うーん
おつかれ！
おつかれさまです！

ははは…
なに？行き詰まってる？
カサッ
そんな君たちにこれをあげよう
『皆に優しく、共に楽しく』
〜私の現場から考えるSDGs〜
●月●日(●)　●●●セミナー
ピッ
講師
小川裕美子
『皆に優しく　共に楽しく
〜私の現場から考えるSDGs〜』

へえ
ガチャッ
何かのヒントになるかもよ
『皆に優しく共に楽しく』…か…
後日
岡山県で「学校法人」「株式会社」「社会福祉法人」の代表をさせていただいている私ですが
40歳半ばまでは専業主婦

小川《おがわ》 裕美子《ゆみこ》
国家資格である作業療法士を取得したのは46歳の時です
それまでは医師の夫と
3人の子供を育てるのに翻弄される日々でした――
――そしてこれは自慢の一つと言って良いかもしれませんが

カリカリ
株式会社ドルフィン・エイドの従業員たちはお互いの特徴をよく分かっています
例を挙げると――
私たちの理念は『皆に優しく共に楽しく』です
皆に優しくして差し上げ皆が喜んでいるのを見て私たちが楽しくなる事です
これからもこの理念を従業員とともに実践していきたいと思います
本日はありがとうございました！
ペコ
パチパチ
パチ

すっごく面白かったですね！
うん 実際の現場の話が聞けて僕も勉強になったよ
すごいですよね 40歳すぎて起業して地域のことを考え
みんなのために働くだなんてものすごく尊敬します！
はあ…
直接お話聞いてみたいなあ…

よろしければ
ご紹介
しましょうか？
フッ…
え？
はじめまして
村神といいます
村神《むらかみ》
あ
わたしは
池嶋です
羽田と
いいます

お話が聞こえてきてしまって…失礼しました
小川さんは知人なのでもしよろしければご紹介しようかと
ガタ
本当ですか??
小川さん
あら村神さん!
ペコ

というわけで
正直うちみたいな
中小企業で
SDGsって言われても
何をやっていいんだか
さっぱりで
フフフ…
あのね
池嶋さん
SDGsって
つまりは
"創造性"と
"イノベーション"
なんだ
え…?
お二人とも
このあと少しお時間
おありになる?
よければ少し
お話しませんか?
はい!

SDGsの17の目標

持続可能な社会を目指して

本章ではＳＤＧｓの17の目標が、世界にとってなぜ大切なのか、具体的にどのような試みを行っているのかを見ていきましょう。

目標１「貧困をなくそう」

あらゆる場所のあらゆる形態の貧困を終わらせる

現在、極度の貧困に苦しんでいる人々は年々減少しているものの、世界全体では7億人を超え解決には程遠い状況です（『２０１８年版　貧困と繁栄の共有：貧困のパズルを解く』より）。

また近年、貧困は経済的困難だけでなく、教育など必要なサービスを受けられなかったり、社会的な差別や排除を受けたりといった、基本的権利が奪われている状態も含むようになりました。

【実例】ユニリーバ（家庭用品メーカー）…貧困根絶のための国際協力団体オックスファムと共同で各国の貧困層をサポート。

目標2「飢餓をゼロに」

飢餓を終わらせ、食料安全保障及び栄養改善を実現し、持続可能な農業を促進する

世界で飢餓に苦しむ人は、２０１８年に８億２１００万人を突破しました（『世界の食料安全保障と栄養の現状』より）。しかし、世界の年間穀物生産量は、世界中の人々が生きるために必要な穀物量の約2倍であることを考えると、問題の背景に先進国の深刻な食品ロスも垣間見えます。

【実例】クボタ（農機等メーカー）…インドにて農機の開発・販売、および農業技術の向上に貢献。

目標3「すべての人に健康と福祉を」

あらゆる年齢のすべての人々の健康的な生活を確保し、福祉を促進する

５歳の誕生日を迎える前に命を失う子どもの数は毎年５００万人を超えています（『２０１８年度版 子どもの死亡における地域（開発レベル）別の傾向』より）。その3分の1が、肺炎、下痢性疾患、マラリアが原因で命を落としていることを考えると、予防接種により救えた命も多いことが伺えます。

【実例】味の素（食品メーカー）…アミノ酸入りサプリメントで、ガーナ栄養改善プロジェクトを推進。

目標4「質の高い教育をみんなに」

すべての人に包摂的かつ公正な質の高い教育を確保し、生涯学習の機会を促進する

教育は、貧困や健康、不平等の是正、平和と公正など、ＳＤＧｓの目標達成において、大きなカギとなる項目です。質の高い教育の普及は、貧困からの脱却や子どもの死亡率の低下、児童婚や早すぎる妊娠・出産の減少にもつながります。

【実例】LITALICO（就労支援・教育サービス）…発達に課題のある子どものための学習塾の運営。

目標5「ジェンダー平等を実現しよう」

ジェンダー平等を達成し、すべての女性及び女児の能力強化を行う

全世界では毎年推定１２００万人の女児が18歳未満で結婚しているとされています（ユニセフ グローバル・データベースより）。また、アフリカや中東など一部の国々では女性器切除術が慣習として残り、長引く出血や感染のほか、死亡するケースもあります。

【実例】ユニ・チャーム（衛生用品メーカー）…ミャンマーやインドなどで初潮教育の実施。

目標6「安全な水とトイレを世界中に」

すべての人々の水と衛生の利用可能性と持続可能な管理を確保する

池や水など衛生的に問題のある水源から水を汲む人々が約６億６３００万人おり、１日８００人以上の子どもが、劣悪な衛生状態に起因する下痢性疾患で亡くなっています（ユニセフＨＰより）。

【実例】LIXIL（住宅設備等メーカー）…簡易式トイレを開発し、「みんなにトイレをプロジェクト」を推進。

目標7「エネルギーをみんなに そしてクリーンに」

すべての人々の、安価かつ信頼できる持続可能な近代的エネルギーへのアクセスを確保する

電力を利用できない人は世界で10億人弱、空気汚染を引き起こす薪・木炭・動物の排泄物・石炭などを屋内の燃料に使用する人は約30億人といわれています（国連広報センター発表より）。

【実例】航空各社…木材やマスタードシード、ミドリムシ、古着までさまざまな材料由来のバイオジェット燃料の開発・使用。

目標8「働きがいも　経済成長も」

包摂的かつ持続可能な経済成長及びすべての人々の完全かつ生産的な雇用と働きがいのある人間らしい雇用（ディーセント・ワーク）を促進する

世界の失業者数は1億7400万人に達しています。また、ワーキングプアと呼ばれる働く貧困層は7億人、労働力率の男女差も解消されておらず、特に一部地域について格差が顕著になっています（『世界の雇用および社会の見通し』2019年版より）。

【実例】スターバックス（飲食チェーン）…カナダにて、ニート向けの就労促進プログラムを実施。

目標9「産業と技術革新の基盤をつくろう」

強靭（レジリエント）なインフラ構築、包摂的かつ持続可能な産業化の促進及びイノベーションの推進を図る

「強靭（レジリエント）な」とは、自然災害等で壊れても速やかに復旧可能という意味も含みます。多くの途上国で未整備となっている基礎インフラの整備等は、持続可能な世界の発展に必要不可欠です。

【実例】アフリカ開発銀行（銀行）…アフリカの電化推進や生活向上のための各種有価証券を発行。

目標10「人や国の不平等をなくそう」

各国内及び各国間の不平等を是正する

途上国と先進国の格差のほか、貧富や性別、年齢、障害の有無、性的指向、人種、宗教など、世界にはさまざまな不平等が根強く残っています。特に貧富に関しては、2017年に国際協力団体オックスファムが、世界の富豪トップ8人が、貧困層36億人分に相当する資産を持つと発表し大きな反響を呼びました。

【実例】ＣＯＧＹ（車いすメーカー）…歩行困難者のリハビリに使用できる足こぎ車いすを開発、普及に務める。

目標11「住み続けられるまちづくりを」

包摂的で安全かつ強靭（レジリエント）で持続可能な都市及び人間居住を実現する

現在、世界の全人口の半数にあたる約35億人が都市部で生活しており、今後２０３０年までに約50億人が都市部で暮らすことになると予測されています。人口が集中する都市部には、自然災害等があっても素早く復旧できる「強靭（レジリエント）」なまちづくりが求められます。また、大気汚染や交通渋滞、大量のゴミ、貧富の差から生まれるスラムなど、さまざまな問題を解決する必要があります。

【実例】三井住友建設（ゼネコン）…タンザニアにて、国内初となる立体交差点を竣工。

目標12「つくる責任 つかう責任」

持続可能な生産消費形態を確保する

このまま世界人口が増加するならば、現在のような大量生産・大量消費は維持できません。たとえば、食料ならば毎年13億トン（全体の約３分の１に相当）がさまざまな理由で廃棄されていますが、企業・消費者双方の工夫により廃棄量は必ず減らせるはずです（国連広報センター『12つくる責任 つかう責任』より）。

【実例】コークッキング（フードシェアリング等）…閉店間際など廃棄の可能性のある食品情報をサイトで公開、買い手に繋げることでフードロス削減に貢献。

目標13「気候変動に具体的な対策を」

気候変動及びその影響を軽減するための緊急対策を講じる

１９９０年に比べ温室効果ガス排出量は50％

以上増え、地球の平均気温は上昇を続けています。2017年には地震や津波、台風、洪水などによる経済的損失はついに3000億ドル（約32兆円）を突破しました（『持続可能な開発目標（SDGs）報告2018発表』より）。

【実例】三菱電機（総合家電メーカー）…温室効果ガスを観測する人工衛星の設計・製造、運用。

目標14「海の豊かさを守ろう」

持続可能な開発のために海洋・海洋資源を保全し、持続可能な形で利用する

乱獲により多くの海洋生物が絶滅の危機にあります。過剰漁獲のほか原因のひとつと考えられるのが、プラスチックごみ。特に5ミリ以下のマイクロプラスチックは、生態系に深刻な影響を与える可能性が指摘されています。

【実例】フーディソン（飲食店向けサービス等）＋鯖や（飲食店運営）…食用とはならない小サバを仕入れ、養殖し商品化する漁業モデルを構築。

目標15「陸の豊かさも守ろう」

陸域生態系の保護、回復、持続可能な利用の推進、持続可能な森林の経営、砂漠化への対処、ならびに土地の劣化の阻止・回復及び生物多様性の損失を阻止する

生物を育み、酸素を生み出し、水を蓄える森林ですが、環境汚染や無計画な伐採、都市化の影響などにより、1990年から2015年の間に約1億2900万ヘクタールが失われました（『世界の農林水産Winter 2015』より）。

【実例】NPOアメリカン・ロボティクス…農家に作物情報を提供する全自動ドローンを開発。

目標16「平和と公正をすべての人に」

持続可能な開発のための平和で包摂的な社会を促進し、すべての人々に司法へのアクセス

を提供し、あらゆるレベルにおいて、効果的で説明責任のある包摂的な制度を構築する

世界では今この瞬間もどこかで戦争や紛争が起きており、暴力や迫害によって命を奪われたり、住む場所を追われたりしている人がたくさんいます。持続可能な世界の実現のためには、すべての人がいかなる暴力も受けず、安心して暮らせるようにする必要があります。

【実例】アップル（インターネット関連製品等メーカー）…リチウム電池に使用するコバルトを採掘会社から直接購入、その供給源リストを公開。

目標17「パートナーシップで目標を達成しよう」

持続可能な開発のための実施手段を強化し、グローバル・パートナーシップを活性化する

パートナーシップとは、お互いの強みを活かして共に持続可能な開発を行うこと。目標を達成するには、国や地域、企業、市民団体、研究者、学校、家庭など、あらゆる人たちが結束して取り組むことが必要なのです。

【実例】日立キャピタル（ファイナンス）…一部工場で発電した電力を他の工場にシェアし、年間電力消費量・CO_2排出量を16％削減。

「3つの要素」と「5つのP」

持続可能な開発は「経済成長」「社会的包摂」「環境保護」という3つの要素のバランスがとれていなくては達成できません。ちなみに「社会的包摂」という言葉が耳慣れないかもしれませんが、これはどんな立場にいる人でも社会の一員として取り入れること。いわゆる「社会的排除」の反対語で、ソーシャル・インクルージョンともいわれます。
また、17あるSDGsの目標は「人間（People）」「豊かさ（Prosperity）」「地球（Planet）」「平和（Peace）」「パートナーシップ（Partnership）」の5つの分野に分けることができます。
このようにSDGsの目標は、決してひとつずつ単独で存在しているわけではなく、相互に関連し繋がっているのです。
3章の漫画ページでは企業経営におけるSDGsの活用法を紹介しながら、解説ページでは日本におけるSDGsの取り組みを取り上げます。

SDGsを支える「5つのP」

人間（People）－あらゆる形態と次元の貧困と飢餓に終止符を打つとともに、すべての人間が尊厳を持ち、平等に、かつ健全な環境の下でその潜在能力を発揮できるようにする（目標1、2、3、4、5および6）。

豊かさ（Prosperity）－すべての人間が豊かで充実した生活を送れるようにするとともに、自然と調和した経済、社会および技術の進展を確保する（目標7、8、9、10および11）。

地球（Planet）－持続可能な消費と生産、天然資源の持続可能な管理、気候変動への緊急な対応などを通じ、地球を劣化から守ることにより、現在と将来の世代のニーズを充足できるようにする（目標12、13、14および15）。

平和（Peace）－恐怖と暴力のない平和で公正かつ包摂的な社会を育てる。平和なくして持続可能な開発は達成できず、持続可能な開発なくして平和は実現しないため（目標16）。

パートナーシップ（Partnership）－グローバルな連帯の精神に基づき、最貧層と最弱者層のニーズを特に重視しながら、すべての国、すべてのステークホルダー、すべての人々の参加により、持続可能な開発に向けたグローバル・パートナーシップをさらに活性化し、このアジェンダの実施に必要な手段を動員する（目標17）。

出典：国連広報局「我々の世界を変革する：持続可能な開発のための2030アジェンダ」

ターゲットの紹介Part.2　目標4～7

目標 4.
すべての人に包摂的かつ公正な質の高い教育を確保し、生涯学習の機会を促進する

4.1　2030年までに、すべての子どもが男女の区別なく、適切かつ効果的な学習成果をもたらす、無償かつ公正で質の高い初等教育及び中等教育を修了できるようにする。
4.2　2030年までに、すべての子どもが男女の区別なく、質の高い乳幼児の発達・ケア及び就学前教育にアクセスすることにより、初等教育を受ける準備が整うようにする。
4.3　2030年までに、すべての人々が男女の区別なく、手の届く質の高い技術教育・職業教育及び大学を含む高等教育への平等なアクセスを得られるようにする。
4.4　2030年までに、技術的・職業的スキルなど、雇用、働きがいのある人間らしい仕事及び起業に必要な技能を備えた若者と成人の割合を大幅に増加させる。
4.5　2030年までに、教育におけるジェンダー格差を無くし、障害者、先住民及び脆弱な立場にある子どもなど、脆弱層があらゆるレベルの教育や職業訓練に平等にアクセスできるようにする。
4.6　2030年までに、すべての若者及び大多数（男女ともに）の成人が、読み書き能力及び基本的計算能力を身に付けられるようにする。
4.7　2030年までに、持続可能な開発のための教育及び持続可能なライフスタイル、人権、男女の平等、平和及び非暴力的文化の推進、グローバル・シチズンシップ、文化多様性と文化の持続可能な開発への貢献の理解の教育を通して、全ての学習者が、持続可能な開発を促進するために必要な知識及び技能を習得できるようにする。
4.a　子ども、障害及びジェンダーに配慮した教育施設を構築・改良し、すべての人々に安全で非暴力的、包摂的、効果的な学習環境を提供できるようにする。
4.b　2020年までに、開発途上国、特に後発開発途上国及び小島嶼開発途上国、ならびにアフリカ諸国を対象とした、職業訓練、情報通信技術（ICT）、技術・工学・科学プログラムなど、先進国及びその他の開発途上国における高等教育の奨学金の件数を全世界で大幅に増加させる。
4.c　2030年までに、開発途上国、特に後発開発途上国及び小島嶼開発途上国における教員研修のための国際協力などを通じて、質の高い教員の数を大幅に増加させる。

目標 5.
ジェンダー平等を達成し、すべての女性及び女児の能力強化を行う

5.1　あらゆる場所におけるすべての女性及び女児に対するあらゆる形態の差別を撤廃する。
5.2　人身売買や性的、その他の種類の搾取など、すべての女性及び女児に対する、公共・私的空間におけるあらゆる形態の暴力を排除する。
5.3　未成年者の結婚、早期結婚、強制結婚及び女性器切除など、あらゆる有害な慣行を撤廃する。
5.4　公共のサービス、インフラ及び社会保障政策の提供、ならびに各国の状況に応じた世帯・家族内における責任分担を通じて、無報酬の育児・介護や家事労働を認識・評価する。
5.5　政治、経済、公共分野でのあらゆるレベルの意思決定において、完全かつ効果的な女性の参画及び平等なリーダーシップの機会を確保する。
5.6　国際人口・開発会議（ICPD）の行動計画及び北京行動綱領、ならびにこれらの検証会議の成果文書に従い、性と生殖に関する健康及び権利への普遍的アクセスを確保する。
5.a　女性に対し、経済的資源に対する同等の権利、ならびに各国法に従い、オーナーシップ及び土地その他の財産、金融サービス、相続財産、天然資源に対するアクセスを与えるための改革に着手する。
5.b　女性の能力強化促進のため、ICTをはじめとする実現技術の活用を強化する。
5.c　ジェンダー平等の促進、ならびにすべての女性及び女子のあらゆるレベルでの能力強化のための適正な政策及び拘束力のある法規を導入・強化する。

目標 6.
すべての人々の水と衛生の利用可能性と持続可能な管理を確保する

6.1　2030年までに、すべての人々の、安全で安価な飲料水の普遍的かつ衡平なアクセスを達成する。
6.2　2030年までに、すべての人々の、適切かつ平等な下水施設・衛生施設へのアクセスを達成し、野外での排泄をなくす。女性及び女児、ならびに脆弱な立場にある人々のニーズに特に注意を払う。
6.3　2030年までに、汚染の減少、投棄の廃絶と有害な化学物・物質の放出の最小化、未処理の排水の割合半減及び再生利用と安全な再利用の世界的規模で大幅に増加させることにより、水質を改善する。
6.4　2030年までに、全セクターにおいて水利用の効率を大幅に改善し、淡水の持続可能な採取及び供給を確保し水不足に対処するとともに、水不足に悩む人々の数を大幅に減少させる。
6.5　2030年までに、国境を越えた適切な協力を含む、あらゆるレベルでの統合水資源管理を実施する。
6.6　2020年までに、山地、森林、湿地、河川、帯水層、湖沼を含む水に関連する生態系の保護・回復を行う。
6.a　2030年までに、集水、海水淡水化、水の効率的利用、排水処理、リサイクル・再利用技術を含む開発途上国における水と衛生分野での活動と計画を対象とした国際協力と能力構築支援を拡大する。
6.b　水と衛生の管理向上における地域コミュニティの参加を支援・強化する。

目標 7.
すべての人々の、安価かつ信頼できる持続可能な近代的エネルギーへのアクセスを確保する

7.1　2030年までに、安価かつ信頼できる現代的エネルギーサービスへの普遍的アクセスを確保する。
7.2　2030年までに、世界のエネルギーミックスにおける再生可能エネルギーの割合を大幅に拡大させる。
7.3　2030年までに、世界全体のエネルギー効率の改善率を倍増させる。
7.a　2030年までに、再生可能エネルギー、エネルギー効率及び先進的かつ環境負荷の低い化石燃料技術などのクリーンエネルギーの研究及び技術へのアクセスを促進するための国際協力を強化し、エネルギー関連インフラとクリーンエネルギー技術への投資を促進する。
7.b　2030年までに、各々の支援プログラムに沿って開発途上国、特に後発開発途上国及び小島嶼開発途上国、内陸開発途上国のすべての人々に現代的で持続可能なエネルギーサービスを供給できるよう、インフラ拡大と技術向上を行う。

CHAPTER

03

▼

戦略的
ツールとしての
SDGs

それでさっき仰った
『SDGsは「創造性」と「イノベーション」だ』ってどういうことですか？

企業経営における「ビジョン」とは

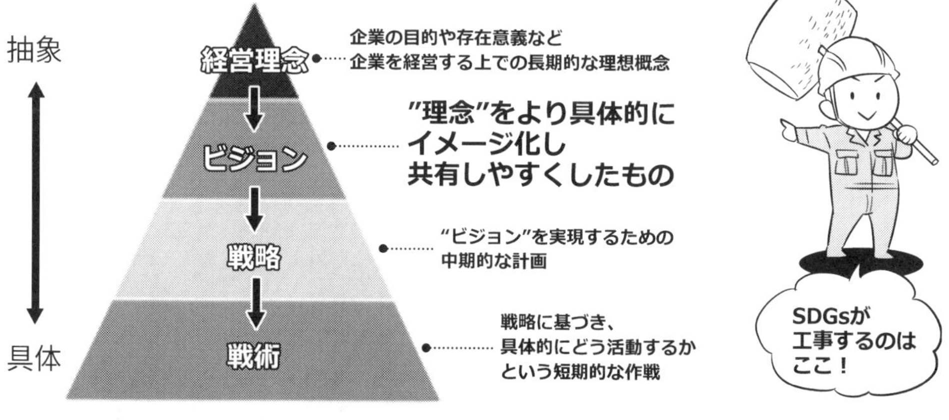

ビジョンを…再構築する道具…
ええ それぞれの企業ビジョンを再構築させるためのアイデアがSDGsには山のように隠れている
特にこれからの中小企業にとってはSDGsは非常に強い戦略的ツールになりますよ
経営理念に基づいて SDGsの目標をピックアップ
うちの経営理念は ・茶文化の伝統を守る ・茶農園のサポート ・差別化したマーチャンダイジング
だけど… どれが近いかな？
やっぱり社長の提案は間違いじゃなかったんだね
SDGsは企業に新しいビジョンをみせてくれる道具
だからこそ僕はSDGsは創造性とイノベーションを起こさせるものだとお話ししているんです

そう考えると今日伺った小川さんの取り組まれているご活動はまさにSDGsそのものですよね
ええそうなんですでも
私が起業した直後はSDGsなんて言葉はなくて
村神さんに教えてもらって初めて気づいたんです私のやってきたことがSDGsなんだって
わたし小川さんのお話ものすごく感動しました
ニコ
ありがとう

現在は学校法人で専門学校 株式会社で介護付有料老人ホーム 保育園 障がい者関連社会福祉法人で 認可保育園の事業を運営されているんですね
介
保
学
ええ
外国人材の活躍のために日本語学科の開設も準備なさるんですよ
すごーい!
最近ではSDGsという言葉ばかりが独り歩きしていますが
小川さんはちゃんとその本質を理解して進んでおられるんです

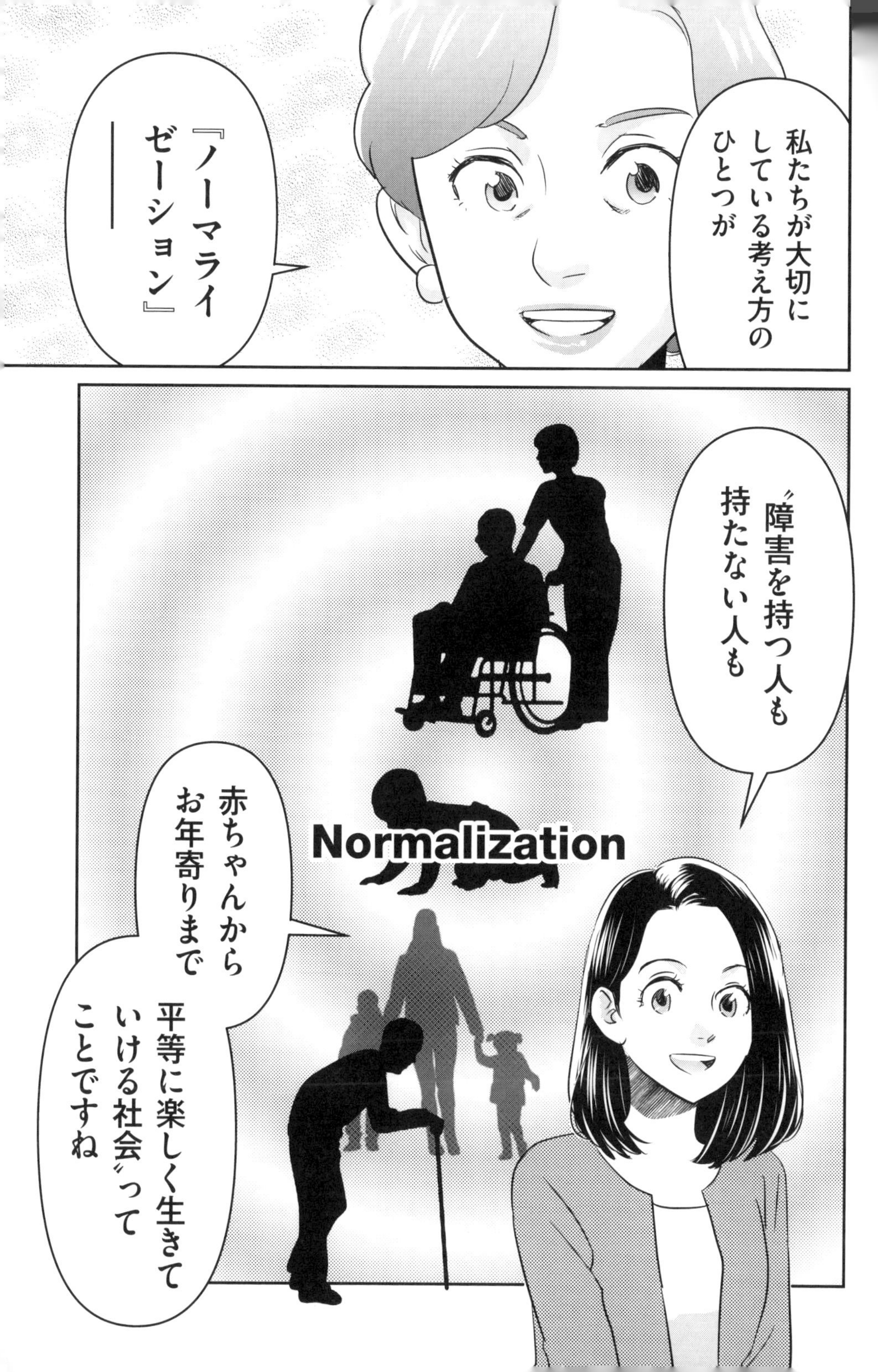
私たちが大切にしている考え方のひとつが
『ノーマライゼーション』——
〝障害を持つ人も持たない人も
Normalization
赤ちゃんからお年寄りまで
平等に楽しく生きていける社会〟ってことですね

コク
お互いに助け合って
支え合って
楽しく生きていける
『ふつうの暮らし』
こそが
かけがえのない
ものなんです

わたくしどもはSDGsを広く正しく知ってもらうためにいくつかの取り組みをしているのですが
そのうちのひとつが『ノーマライゼーションカフェ』です
なんだか面白そうですね！
フードバンク専門学校の教員が健康にまつわる講義を そしてフードバンクを運営している知人にフードロスについて講義をしてもらいます

フードロスは非常に身近な問題で最近特に注目を集めていますね
まだ食べられるのに捨てちゃうなんて
単純にもったいないですもんね
ええ日本の一年間のフードロスは
世界の食糧支援の量を越えているんです
そこでわたくしたちは
フードロスの実態を知っていただいた後に
実際にフードバンクに提供された食糧・商品をいただくわけです
講義を聞いていただいたあとというのがポイントですね

はい
ちゃんと
学んだ上で
目の前にある
食べものについて
もう一度考えて
いただきたくて
でも実際には
そんな難しい
ことではなく
池嶋さんが
おっしゃったように
へえ…
まだ食べられるのに
もったいないよね
という単純な
ことを
気軽に
考えていただく
地域交流イベント
です
同時に
高齢者だけでなく
若年層も対象とした
1.2.3
健康寿命を
のばすための
健康教室も
実施されて
いるんですよ

えっとじゃあ あれですね
SDGsでいうと
3 すべての人に健康と福祉を
"3.すべての人に健康と福祉を"と——
あらゆる年齢のすべての人の健康的な生活を確保し福祉を推進する
4 質の高い教育をみんなに
"4.質の高い教育をみんなに"ですね
すべての人に包摂的かつ公平で質の高い教育を提供し生涯学習の機会を促進する
よく勉強されていますね
ニッ

小川さんは自分たちにできること
目の前で困ってる人たちをまさに置き去りにしなかったんです
だから池嶋さんたちもまずは自分たちにできること
自分達の仕事が世の中にどう役立つのかを考えると発見があるかもしれませんね
なるほど
難しく考える必要はないんです
SDGsとは〝創造性〟と〝イノベーション〟ぜひ大胆に自由にやってみてください！
はい！

翌日
株式会社 大井川茶園
大井川茶園
株式会社 大井川茶園
タッ
タッ
SDGsは義務ではなく
「自主的な取り組みを促すための目標」
十人十色、子供から高齢者まで
個人にあったやり方がある
空白
検索
SDGsの3つの分類
①経済
②環境
③社会
つくること
キュッ
しない
こと

SDGsの3つの活動
①経済
②社会
③環境
経済
社会
環境
SDGsが目指す社会 世界
『誰も置き去りにしない』を
つくること
カタカタ
送信っと
カチ
よし 次は…
チカッ
池嶋さんから メールきてるよ！

各位
お疲れ様です。池嶋です！
先日、社長からＳＤＧｓについて
話がありましたが
自分なりに概要をまとめてみました。
添付にてデータをお送りしますので、
もしよければご一読ください！
気になることがあれば遠慮なく池嶋まで。
以上、よろしくお願いいたします。
池嶋
カタカタ
大井川茶園
未来を変える17の国際目標 -SDGs-
『SDGs』持続可能な開発目標
Global Goals - グローバル・ゴールズ -
「最初に」
導入編
THE GLOBAL GOALS
For Sustainable Development
へえ
カタカタ
ピタ

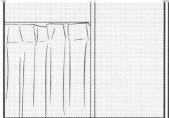

当社のスローガン
『SDGs』を通じて、豊かで活力のある未来を想像する会社を目指す。
ーお茶の普及により人の心を豊かにするー
当社は、17の国際目標の内、この5つを開発目標として掲げます。
3. すべての人に健康と福祉を
7. エネルギーをみんなに、そしてクリーンに
8. 働きがいも、経済成長も
9. 産業と技術革新の基盤をつくろう
12. つくる責任、つかう責任
ニッ
池嶋さん 動き始めたな
会議室
ギャッ
あ 池嶋さん いた!
何 やってるの
すごーい
またなんか やってる
これ なに?
わい
わい

SUSTAINABLE DEVELOPMENT GOALS
SDGｓとは
SDGｓ推進室
SDGs推進室…？
SDGｓ推進室
はい みんなが興味を持ってくれるように SDGsの広がりを取り上げた新聞記事や冊子 雑誌 書籍なんかを並べてみようと思って
へえ

〝室〟って部屋じゃないけど
でも分かりやすくていいね
へえこんな記事あるんだ
あのね……社長がSDGsの話をしだした時正直とまどったんだ
なんでよく分かんないことやらなきゃいけないのってしかもSDGsってネットとかで読んでも全然意味分かんないし
でもオフィスで大っぴらに『分からない』って言い出せなくて
うんうん
でもさっき池嶋さんが資料送ってくれたでしょ？
ざっと目を通しただけでもすごく分かりやすかったんだ
ほんとですか？嬉しいです！

池嶋さんも他の仕事忙しいのに…ありがとね
とんでもないです
ちょっとはみんなの力になれて私も嬉しいです
これってなんかSDGsっぽくない？
なんで？
分かった
〝4．質の高い教育をみんなに〟だ！
わっ
1 貧困をなくそう
2 飢餓をゼロに
3 すべての人に健康と福祉を
4 質の高い教育をみんなに
5 ジェンダー平等を実現しよう
6 安全な水とトイレを世界中に
7 エネルギーをみんなにそしてクリーンに
8 働きがいも経済成長も
10 人や国の不平等をなくそう
11 住み続けられるまちづくりを
16 平和と公正をすべての人に
17 パートナーシップで目標を達成しよう
4 質の高い教育をみんなに
すべての人に包摂的かつ公平で質の高い教育を提供し生涯学習の機会を促進する
あとはあれじゃないえっと
〝誰も置き去りにしない〟？
それそれ
コツ…

うん うん
当社のスローガン
「SDGs」を通じて、豊かで活
ーお茶の普及に
当社は、17の国際目
3. すべての人に健康と福祉を
7. エネルギーをみんなに、そしてクリーンに
8. 働きがいも、経済成長も
9. 産業と技術革新の基盤をつくろう
12. つくる責任、つかう責任
はぁ
次はこっちか…
う〜ん
ハッ
ニヤリ

日本企業における SDGsの取り組み

SDGs達成への日本の現状と課題

ＳＤＧｓの達成に向けて、日本でも企業や自治体、学校、ＮＰＯなどでさまざまな取り組みが広がりつつあります。しかし、２０１９年8月の朝日新聞『ＳＤＧｓ認知度調査 第5回報告』によると、ＳＤＧｓという言葉を「聞いたことがある」と答えた人は27％、まだまだ一般的認知度は低いようです。

またＳＤＳＮ発表の『Sustainable Development Report Dashboards 2019』によると、２０１８年達成度ランキングで日本は１５６ヵ国中15位、アジア圏の中ではトップですが前年の11位からはランクダウンしています。特に、目標5「ジェンダー平等を実現しよう」、目標12「つくる責任 つかう責任」、目標13「気候変動に具体的な対策を」、目標17「パートナーシップで目標を達成しよう」が日本にとって大きな課題と指摘されました。

ＳＤＧｓ目標達成には、それぞれが身近な社会課題に関心を持ち、何ができるかを考えることが第一歩といえるでしょう。

日本におけるSDGsの達成度状況

▲：最大の課題　△：重要課題　○：課題が残っている　◎：SDGsが達成できている

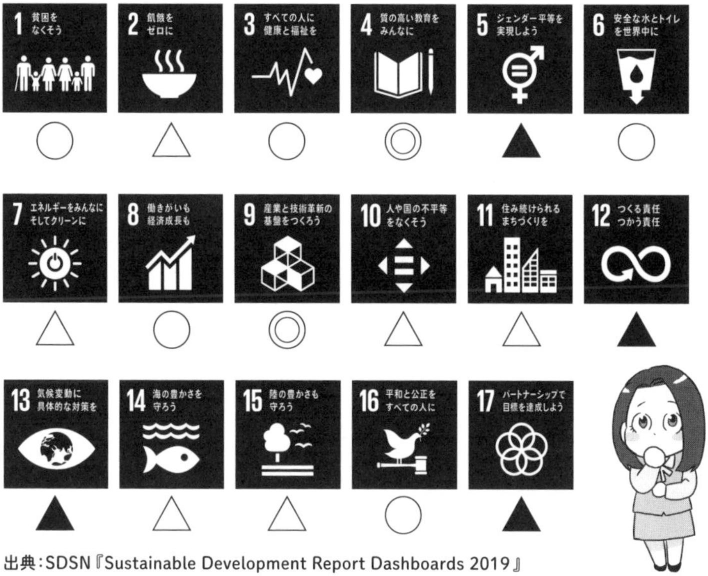

出典：SDSN『Sustainable Development Report Dashboards 2019』

ジャパンSDGsアワードとは

企業や団体に積極的にＳＤＧｓに取り組んでもらうため、政府・外務省を中心に２０１７年に創設された『ジャパンＳＤＧｓアワード』。

きわめて顕著な功績があったと認められる企業・団体に贈られる「ＳＤＧｓ推進本部長（内閣総理大臣）賞」をはじめ、「ＳＤＧｓ推進副本部長（内閣官房長官及び外務大臣）賞」「特別賞」があり、第１回は12団体、第２回は15団体が受賞しました。

表彰された団体は、企業のほか地方自治体、ＮＰＯやＮＧＯ、教育機関などさまざまでした。ここでは、外務省ホームページで公開されている過去２回のアワード結果から特に企業の取り組みについて３つの事例を紹介します。

【取り組み事例1】自社商品を活用して世界の衛生環境を向上

サラヤ株式会社〈第1回／SDGs推進副本部長（外務大臣）賞〉
貢献しているSDGs目標：3、6、12、14、15

途上国では予防可能な病気によって毎日多くの子どもたちが命を失っています。そこで立ち上がったのが、サラヤ株式会社（以下サラヤ）です。サラヤは大阪市に本社を置き、衛生用品と薬液供給機器などの開発・製造・販売を行っている会社です。ヤシノミ洗剤の会社といえば、ピンとくる方も多いでしょう。

そんなサラヤが始めたのが「100万人の手洗いプロジェクト」。石けんを使って正しく手を洗うことで、下痢性疾患や肺炎を予防し、子どもたちの命を守るための取り組みです。プロジェクトでは、対象となる衛生商品の出荷額の1％を、ウガンダにおけるユニセフの手洗い普及活動の支援にあてています。また、ウガンダに「現地法人サラヤ・イーストアフリカ」を設立し、現地生産の消毒剤やその使用方法を含めた衛生マニュアルを提供しました。さらに、持続可能なパーム油類（RSPO認証油）の使用や、アブラヤシ生産地の生物多様性の保全に取り組むと同時に、消費者へのエシカル消費（人や社会、地球環境、地域に配慮した消費のこと）の啓発を実施しています。

ウガンダとカンボジアにおいて、市民と医療施設の2方向から、手洗いを基本とする衛生の向上のための取り組みを進めたことが評価されました。

【取り組み事例2】多様な人々が働けるチョコレートブランドを展開

一般社団法人ラ・バルカグループ〈第2回／SDGs推進副本部長（内閣官房長官）賞〉

貢献しているSDGs目標：3、5、8、10、17

ラ・バルカグループ（以下ラ・バルカ）は、2003年に知的障がいをもつ3名の女性スタッフとともに開業した、小さなパン屋さんからスタートしました。「センスある社会をつくる！」を合言葉に、障がい者や引きこもり、障がいを持つ子供の母親など未経験者でも積極的に働ける会社を目指しています。

そんなラ・バルカが新たに立ち上げたのが、多様な人々が働けるチョコレートブランド「久遠チョコレート」。まず、作業工程はなるべく単純化し、多様な人々が働きやすくしました。同時に、従業員に十分な対価を還元するため、さまざまな企業努力を行いました。たとえば、有名ショコラティエ監修による商品の付加価値のアップ、大手デパートとの連携による販路拡大、さらには地域の食材を積極的に活用した特産品開発も積極的に行っています。また、福祉事業所で働く職員や障がい者を対象に、トップショコラティエ養成のための基礎研修を実施。店舗開設・運営のノウハウもフランチャイズ方式で展開しています。

こうして2018年3月末時点で、直営とブランチ（フランチャイズ店舗）を含めると全国に20店舗、製造のみの工場を含めると33拠点を持つ一大チョコレート企業に成長したのです。ラ・バルカの試みは、障がい者等の雇用の促進と地域の活性化という課題を同時に解決するロールモデルといえるでしょう。

【取り組み事例3】SDGsに関する情報発信拠点をオープン

SUNSHOW GROUP（三承工業株式会社、N・SUNSHOW株式会社）
〈第2回／特別賞「SDGsパートナーシップ賞」〉
貢献しているSDGs目標：1、5、8、10、11、17

建築業初の受賞となったSUNSHOW GROUPは、低所得者や外国人など、マイホーム取得が困難な世帯の住宅建設を実現するため、ローコストな注文住宅の提供や、外国籍の方専門の窓口を開設。貧困からの脱却や地域コミュニティの関係強化を支援しています。

また、女性だけの工務店の展開などジェンダーレスに活躍できる職場環境の整備を進め、その有用性や、実践ノウハウを全国に発信しました。ダイバーシティ推進グループも立ち上げ、子連れ出勤やキッズスペースの設置、風土改革や休み方改善、社員の表彰制度の整備などを実施しています。

2018年には、JR岐阜駅に隣接する商業施設の中に、SDGsの情報発信基地として「SUNSHOW・BASE」をオープン。全国に情報を発信するとともに、地域住民にもSDGsを身近に感じてもらえるよう楽しみながら学べる体感型イベントも定期開催。地域を巻き込みながら行う取り組みが、企業の成長とも結びついている好例といえます。

JAPAN SDGs Action Platform

ここでは3つの事例しか紹介することができませんでしたが、

・持続可能性のある商品やその消費を促す企画の実施（パルシステム生活協同組合連合会）
・持続可能な開発のための教育（ESD）の情報を世界に発信（江東区立八名川小学校）
・ザンビアにて、保健施設での分娩数を増加させ、妊産婦死亡率を低減（公益財団法人ジョイセフ）
・食品廃棄物を液体状の飼料にして有効活用（株式会社日本フードエコロジーセンター）
・独自の商品宅配システムにより世界の女性に就労機会を提供（株式会社ヤクルト本社）

などなど、注目すべき取り組みをしている企業や団体はたくさんあります。興味を持たれた方は、ぜひ一度外務省のホームページ内に設置された、JAPAN SDGs Action Platformを覗いてみてください。

4章の漫画ページでは、どのようにして企業にSDGs目標を取り入れていくかを考えていきます。解説ページでは、『SDGsとビジネスチャンス』をテーマに説明します。

ターゲットの紹介Part.3　目標8～10

目標 8.

包摂的かつ持続可能な経済成長及びすべての人々の完全かつ生産的な雇用と働きがいのある人間らしい雇用（ディーセント・ワーク）を促進する

8.1　各国の状況に応じて、一人当たり経済成長率を持続させる。特に後発開発途上国は少なくとも年率7%の成長率を保つ。

8.2　高付加価値セクターや労働集約型セクターに重点を置くことなどにより、多様化、技術向上及びイノベーションを通じた高いレベルの経済生産性を達成する。

8.3　生産活動や適切な雇用創出、起業、創造性及びイノベーションを支援する開発重視型の政策を促進するとともに、金融サービスへのアクセス改善などを通じて中小零細企業の設立や成長を奨励する。

8.4　2030年までに、世界の消費と生産における資源効率を漸進的に改善させ、先進国主導の下、持続可能な消費と生産に関する10年計画枠組みに従い、経済成長と環境悪化の分断を図る。

8.5　2030年までに、若者や障害者を含むすべての男性及び女性の、完全かつ生産的な雇用及び働きがいのある人間らしい仕事、ならびに同一労働同一賃金を達成する。

8.6　2020年までに、就労、就学及び職業訓練のいずれも行っていない若者の割合を大幅に減らす。

8.7　強制労働を根絶し、現代の奴隷制、人身売買を終らせるための緊急かつ効果的な措置の実施、最悪な形態の児童労働の禁止及び撲滅を確保する。2025年までに児童兵士の募集と使用を含むあらゆる形態の児童労働を撲滅する。

8.8　移住労働者、特に女性の移住労働者や不安定な雇用状態にある労働者など、すべての労働者の権利を保護し、安全・安心な労働環境を促進する。

8.9　2030年までに、雇用創出、地方の文化振興・産品販促につながる持続可能な観光業を促進するための政策を立案し実施する。

8.10　国内の金融機関の能力を強化し、すべての人々の銀行取引、保険及び金融サービスへのアクセスを促進・拡大する。

8.a　後発開発途上国への貿易関連技術支援のための拡大統合フレームワーク（EIF）などを通じた支援を含む、開発途上国、特に後発開発途上国に対する貿易のための援助を拡大する。

8.b　2020年までに、若年雇用のための世界的戦略及び国際労働機関（ILO）の仕事に関する世界協定の実施を展開・運用化する。

目標 9.

強靱（レジリエント）なインフラ構築、包摂的かつ持続可能な産業化の促進及びイノベーションの推進を図る

9.1　すべての人々に安価で公平なアクセスに重点を置いた経済発展と人間の福祉を支援するために、地域・越境インフラを含む質の高い、信頼でき、持続可能かつ強靱（レジリエント）なインフラを開発する。

9.2　包摂的かつ持続可能な産業化を促進し、2030年までに各国の状況に応じて雇用及びGDPに占める産業セクターの割合を大幅に増加させる。後発開発途上国については同割合を倍増させる。

9.3　特に開発途上国における小規模の製造業その他の企業の、安価な資金貸付などの金融サービスやバリューチェーン及び市場への統合へのアクセスを拡大する。

9.4　2030年までに、資源利用効率の向上とクリーン技術及び環境に配慮した技術・産業プロセスの導入拡大を通じたインフラ改良や産業改善により、持続可能性を向上させる。すべての国々は各国の能力に応じた取組を行う。

9.5　2030年までにイノベーションを促進させることや100万人当たりの研究開発従事者数を大幅に増加させ、また官民研究開発の支出を拡大させるなど、開発途上国をはじめとするすべての国々の産業セクターにおける科学研究を促進し、技術能力を向上させる。

9.a　アフリカ諸国、後発開発途上国、内陸開発途上国及び小島嶼開発途上国への金融・テクノロジー・技術の支援強化を通じて、開発途上国における持続可能かつ強靱（レジリエント）なインフラ開発を促進する。

9.b　産業の多様化や商品への付加価値創造などに資する政策環境の確保などを通じて、開発途上国の国内における技術開発、研究及びイノベーションを支援する。

9.c　後発開発途上国において情報通信技術へのアクセスを大幅に向上させ、2020年までに普遍的かつ安価なインターネット・アクセスを提供できるよう図る。

目標 10.

各国内及び各国間の不平等を是正する

10.1　2030年までに、各国の所得下位40%の所得成長率について、国内平均を上回る数値を漸進的に達成し、持続させる。

10.2　2030年までに、年齢、性別、障害、人種、民族、出自、宗教、あるいは経済的地位その他の状況に関わりなく、すべての人々の能力強化及び社会的、経済的及び政治的な包含を促進する。

10.3　差別的な法律、政策及び慣行の撤廃、ならびに適切な関連法規、政策、行動の促進などを通じて、機会均等を確保し、成果の不平等を是正する。

10.4　税制、賃金、社会保障政策をはじめとする政策を導入し、平等の拡大を漸進的に達成する。

10.5　世界金融市場と金融機関に対する規制とモニタリングを改善し、こうした規制の実施を強化する。

10.6　地球規模の国際経済・金融制度の意思決定における開発途上国の参加や発言力を拡大させることにより、より効果的で信用力があり、説明責任のある正当な制度を実現する。

10.7　計画に基づき良く管理された移民政策の実施などを通じて、秩序のとれた、安全で規則的かつ責任ある移住や流動性を促進する。

10.a　世界貿易機関（WTO）協定に従い、開発途上国、特に後発開発途上国に対する特別かつ異なる待遇の原則を実施する。

10.b　各国の国家計画やプログラムに従って、後発開発途上国、アフリカ諸国、小島嶼開発途上国及び内陸開発途上国を始めとする、ニーズが最も大きい国々への、政府開発援助（ODA）及び海外直接投資を含む資金の流入を促進する。

10.c　2030年までに、移住労働者による送金コストを3%未満に引き下げ、コストが5%を越える送金経路を撤廃する。

CHAPTER

04

SDGsを「ビジョン」に！

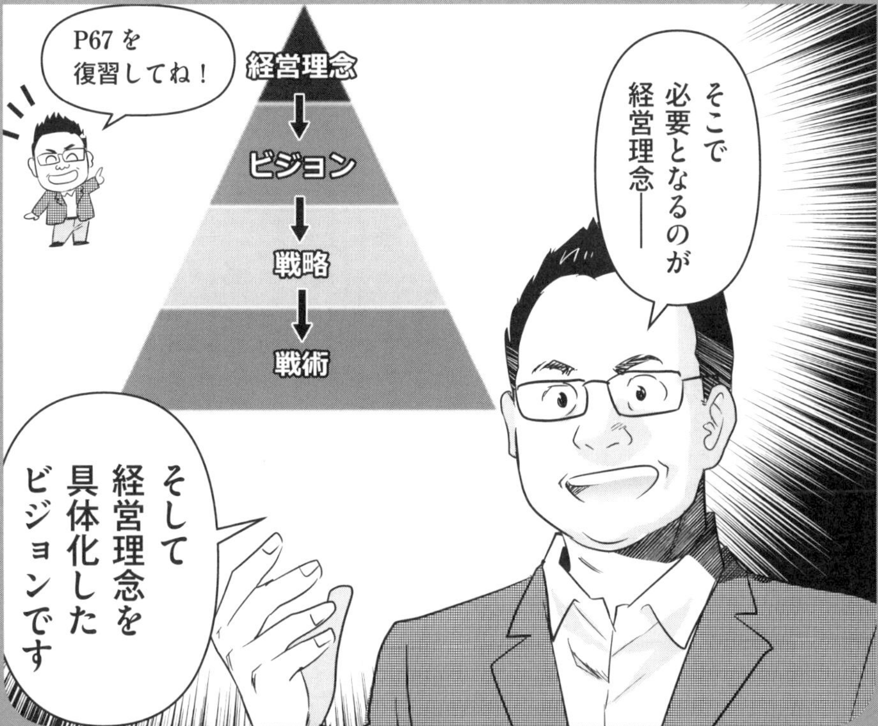

大井川茶園
株式会社 大井川茶園
カシャ
カシャ
いやー私はね
かねてから経営のキーワードは
〝ダイナミズム〟と〝イノベーション〟

そして〝ハイスピード〟であると言っているのですが――
ガシャ
どうしたんですか?
コッ
新聞社の取材よ!
取材?

弊社における未来への課題は
生産性の向上とイノベーション（技術革新）による持続的な成長
この目標達成に欠かせないのが
まさに『SDGs』の推進とそのプロセスにあるのです
すごい社長っぽい
くすくす
営業行ってきまーす

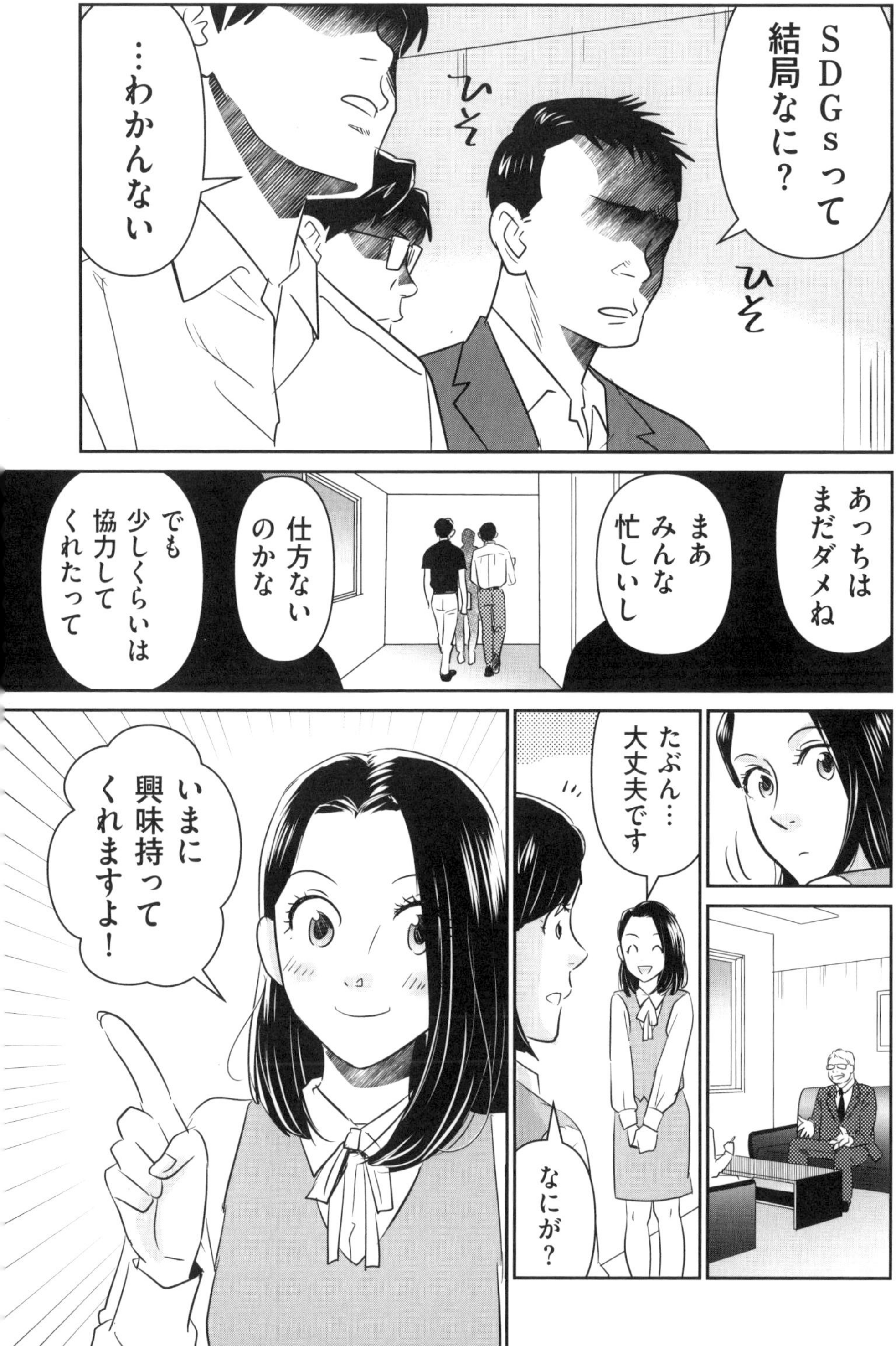
SDGsって結局なに?
ひそ
ひそ
…わかんない
あっちはまだダメね
まあみんな忙しいし
仕方ないのかな
でも少しくらいは協力してくれたって
たぶん…大丈夫です
なにが?
いまに興味持ってくれますよ!

数日後
バタ
バタ
あ いたいた!
はぁ
はぁ
池嶋さん!
はい 何でしょう?
ちょっと教えてほしいんだけど
SDGsって結局なんなの?
うちの取り組みって何?

そんなに焦って
どうしたの？
どうしたも
こうしたも
ないよ
このあいだ社長が
取材受けてたでしょ
大井川茶園スローガン
『SDGs』を通じて、豊かで
活力のある未来を創造する
会社を目指す。
あの記事が
新聞に
載ったらしくて
新聞読んだよ
詳しく教えてー
お客さんから
SDGsについて
質問攻めだよ
ええ～～っ
ひ～
へえ でも
このあいだの資料
見てたら答えられ
たんじゃない？
見てない
ほうが悪いよね
ねえ 室長？
ごめん！
これまでのことは
謝るから
ぜひ俺たちに
レクチャーしてよ
私から説明
するのはあんまり
SDGs的じゃ
ないけど

よろこんでやりましょう！
ありがとう！
よ！室長！
ヘッ
アハハハハ

ということで弊社では
『SDGS』とは
17のゴールと
169の
キュッ
17ある目標の中でも
この5つに取り組んでいきます
3 すべての人に健康と福祉を
7 エネルギーをみんなにそしてクリーンに
8 働きがいも経済成長も
9 産業と技術革新の基盤をつくろう
12 つくる責 つかう責任
そして今後はこの目標を『ツール（道具）』として活用しながら会社の『ビジョン』を新しく描いていきます

…ツール？ビジョン??
ええ 先日 羽田さんと一緒に参加した講習会で教えてもらったんですが
ガチャッ
その続きは僕が説明してもいい？
羽田さん！
おつかれさまでーす
じゃあ続きは羽田さんから！
よし！『SDGsの17項目は企業のビジョンを新しく描き出すツール』
これは池嶋さんと参加した講習会で出会った方に教えてもらった言葉です
村神

その後どういう意味だろうと自分なりの答えを探してたんですが
それはつまりこういうことなんじゃないかと思って――
そもそも企業というのは〝利潤追求〟を目的とする共同体なわけです
でも企業もそして社会全体も人が寄り集まって形成しているものであって
決して利潤追求だけで成立しているわけじゃない
社会
企業
企業

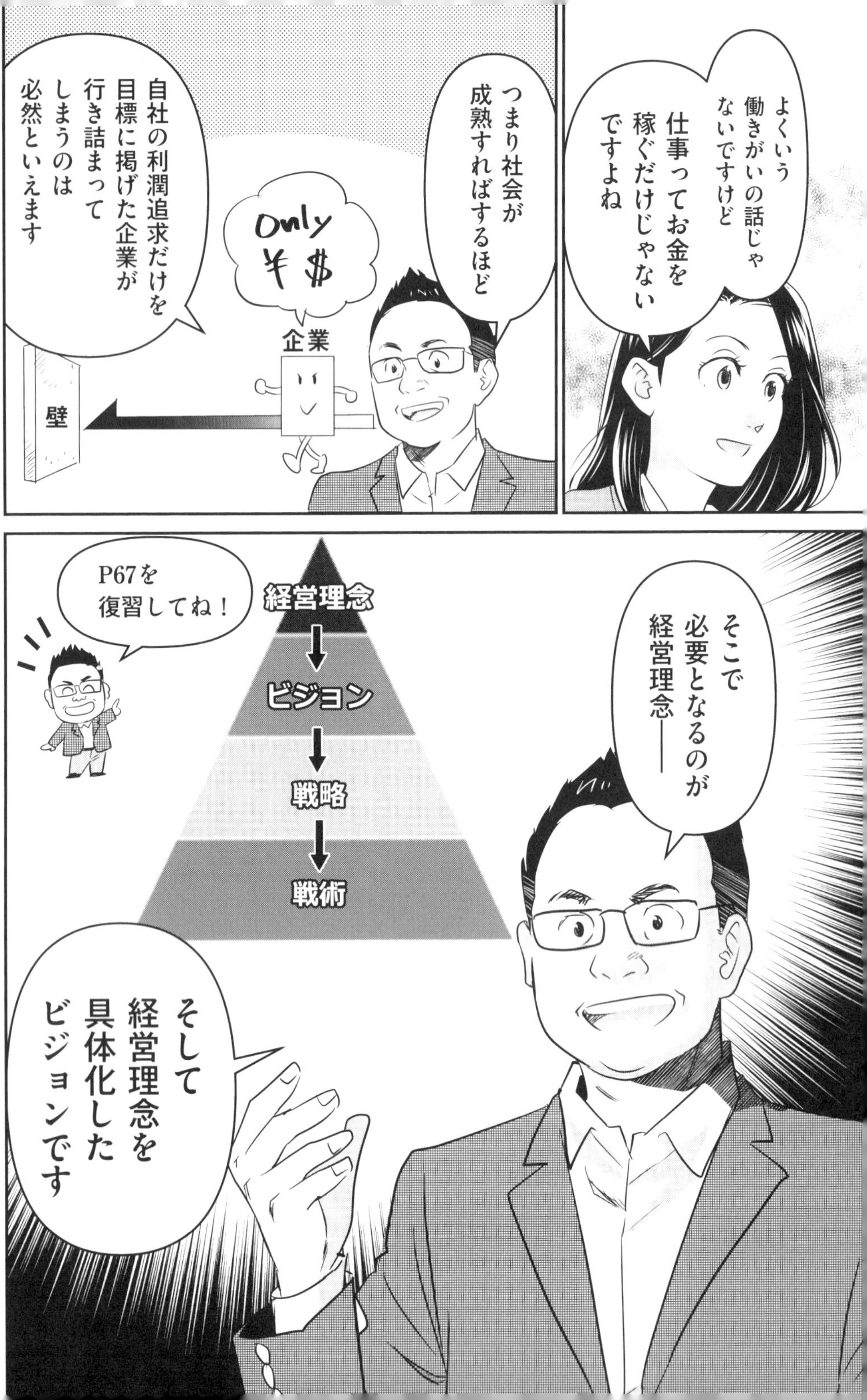
よくいう
働きがいの話じゃないですけど
仕事ってお金を稼ぐだけじゃないですよね
つまり社会が成熟すればするほど
Only ¥ $
企業
壁
自社の利潤追求だけを目標に掲げた企業が行き詰まってしまうのは必然といえます
そこで必要となるのが経営理念――
経営理念
ビジョン
戦略
戦術
P67を復習してね！
そして経営理念を具体化したビジョンです

出ましたね ビジョン
そうだね まずビジョンの上位にある経営理念っていうのがクセモノで…
HPに掲げている会社さんも多いけどパっと見て分かりづらいものが多いでしょ?
お客様のために誠実なサービスを常に
笑顔と感動を求め
一人一人の幸福を追求し
地域社会、国際社会への貢献
いろいろ書いてあるから熱い想いを持っているということだけは分かるんだけど…
イマイチ分かりそうで分からないいんだよな
うん
うんうん
経営理念を分かりやすくするにはより具体的にして問題を身近にする必要がある
だから経営理念を行動規範としてさし示すのがSDGsなんだ

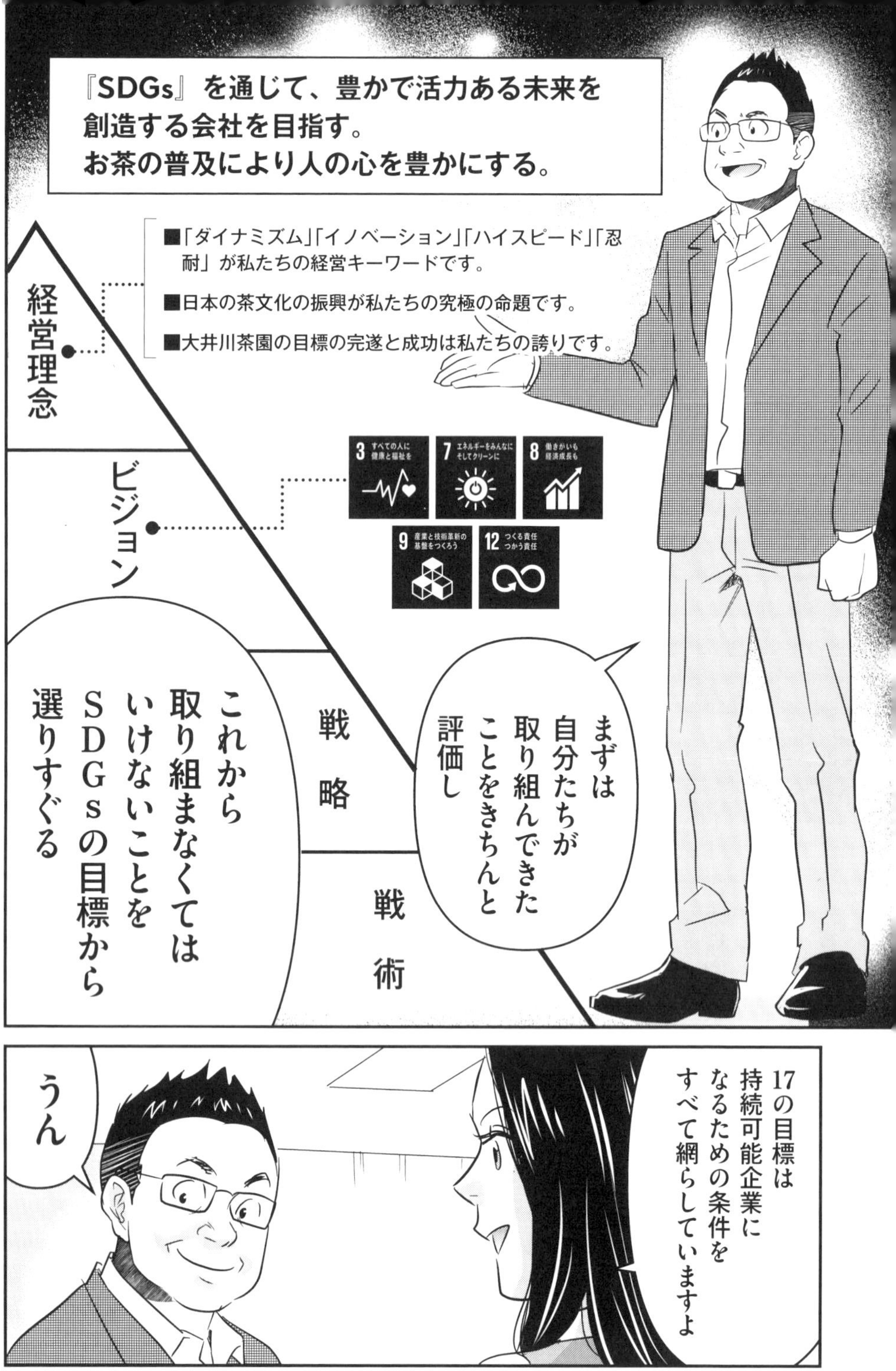
『SDGs』を通じて、豊かで活力ある未来を創造する会社を目指す。
お茶の普及により人の心を豊かにする。
■「ダイナミズム」「イノベーション」「ハイスピード」「忍耐」が私たちの経営キーワードです。
■日本の茶文化の振興が私たちの究極の命題です。
■大井川茶園の目標の完遂と成功は私たちの誇りです。
経営理念
ビジョン
3 すべての人に健康と福祉を
7 エネルギーをみんなにそしてクリーンに
8 働きがいも経済成長も
9 産業と技術革新の基盤をつくろう
12 つくる責任つかう責任
戦略
戦術
まずは自分たちが取り組んできたことをきちんと評価し
これから取り組まなくてはいけないことをSDGsの目標から選りすぐる
17の目標は持続可能企業になるための条件をすべて網らしていますよ
うん

株式会社
大井川茶園
Intertek
Intertek
大井川茶園
『この会社が何を大切にしているのか』ともすれば一般に伝わりづらい経営理念が
SDGsを通じてわかりやすく世界に発信できる
これは企業にとって大きなマーケットの創造にもつながる

企業側はビジネスチャンスにも繋がるわけですね
同時に社内でも新たなビジョンを掲げることで
『自分の会社の目指している未来』が見えてきて自ずと行動規範ができあがってくる
ワー
ワー
あっちだーっ
目標
可視化
言われてみれば俺もうちの会社が目指してる未来なんて考えたことがなかったな
まあ普段の仕事が忙しいから会社の未来なんて考えることってみんなほとんどなかったと思う
でもたとえば現場での課題に直面したときや新しいプロジェクトを立ち上げるときでも
会社の指針が共有できていないと対応を誤ってしまうこともある
そういう意味でも会社の目指している未来を知るのは大切だ

あとこれは私の実感なんですが
SDGsの考え方が自分の中に浸透してくると
個人としての普段の行動も少しずつ変わってくるんですよね
あ それちょっと分かるかも
これまではスーパーで賞味期限に近いものはさけてたけどそれはやめたのよ
私も！会社が太陽光発電を始めてからこまめにコンセントまで抜くようにしてるわ
それってまさにSDGs！

自分達の
何気ない行動が
世界と繋がっている
未来と繋がっている
そう考えると
今日の動きが
変わってくる
コク…
コク…
ということで
僕なりの
結論は
SDGsは
われわれ一人一人が
社会と未来に対して
責任を持った行動を
取っていかなければ
ならないってことかな
『繋がるべき
異なる2つを
繋ぐ架け橋だ』
ってこと！

つまりあれですね今日の私の行動が世界の明日を作るみたいな感じ！
なるほどねえ勉強になったよ
パチパチ
パチパチ
これまで身近に感じられずにぼんやりしてたのが急にグッと近づいた感じ

SDGsと
ビジネスチャンス

これからの企業に求められるもの

「誰も置き去りにしない」という理念を掲げるＳＤＧｓは、先進国を含めた世界中のすべての国や地域を対象としたものです。中でも大きな特徴といえるのが、おもな実施主体のひとつに「企業」を明確に位置づけていることです。

企業による社会貢献活動には、これまで「ＣＳＲ（Corporate Social Responsibility）＝企業の社会的責任」という言葉がよく使われてきました。ＣＳＲとは、自社の利益の追求だけではなく、すべてのステークホルダー（利害関係者…消費者、従業員、投資家のほか社会全体も含む）を視野に地域社会、環境などに配慮した企業活動を行い、よりよい社会づくりを目指す取り組みのことです。

従来のＣＳＲ活動を振り返ると、自社のイメージアップを目的とした、寄付などのシンプルな社会貢献が多かったようです。対してＳＤＧｓでは、各企業が「それぞれの本業」を通じて、目標達成に取り組むことが重要とされています。つまり「それぞれの得意分野を世界のために活かす」という点で、ＳＤＧｓはＣＳＲ活動に比べ、よりアイデアとオリジナリティにあふれた活動となりうるのです。

さらに、企業経営にＳＤＧｓを取り入れるには、持続的な開発につながる経営と事業展開を、長期的な視点で考える必要もあります。このようにＳＤＧｓが大きな注目を集めているのは、決して社会貢献の観点からだけではなく、事業に創造性をもたらし、現場にイノベーションを起こすことで、新たなビジネスチャンスの獲得や経営リスクの回避のための、グローバルで汎用性の高いツールとして活用できるからなのです。

企業がＳＤＧｓに取り組む４つのメリット

２０１５年以降、ＳＤＧｓは年々ビジネスの世界での共通言語となりつつあります。企業がＳＤＧｓを取り入れるメリットについて、環境省は『すべての企業が持続的に発展するために―持続可能な開発目標（ＳＤＧｓ）活用ガイド―』の中で、以下の４つのポイントをあげています。

〈ＳＤＧｓの活用によって期待できる４つのポイント〉

①企業イメージの向上…ＳＤＧｓへの取組をアピールすることで、多くの人に「この会社は信用できる」、「この会社で働いてみたい」という印象を与え、より多様性に富んだ人材確保につながるなど、企業にとってプラ

スの効果をもたらします。
②社会の課題への対応…ＳＤＧｓには社会が抱えている様々な課題が網羅されていて、今の社会が必要としていることが詰まっています。これらの課題への対応は、経営リスクの回避とともに、社会への貢献や地域での信頼獲得にもつながります。
③生存戦略になる…取引先のニーズの変化や新興国の台頭など、企業の生存競争はますます激しくなっています。今後は、ＳＤＧｓへの対応がビジネスにおける取引条件になる可能性もあり、持続可能な経営を行う戦略として活用できます。
④新たな事業機会の創出…取り組みをきっかけに、地域との連携、新しい取引先や事業パートナーの獲得、新たな事業の創出など、今までになかったイノベーションやパートナーシップを生むことにつながります。

経営リスクの回避とビジネスチャンスの獲得

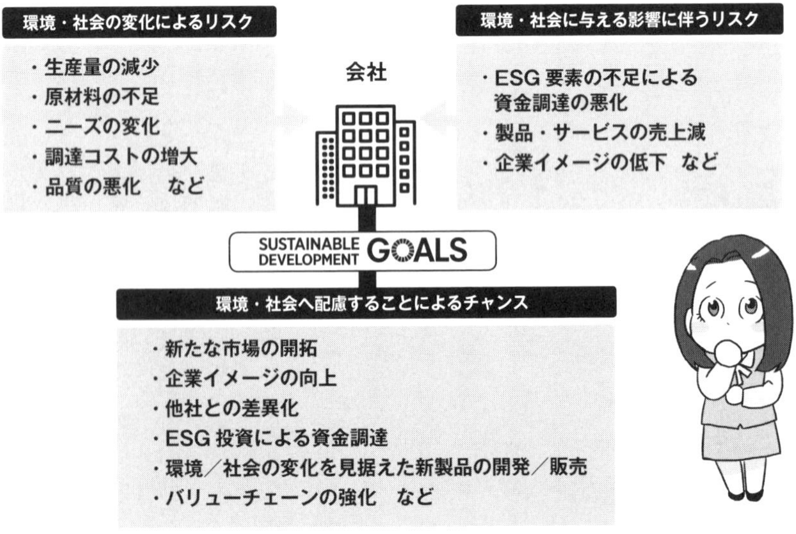
環境・社会の変化によるリスク
・生産量の減少
・原材料の不足
・ニーズの変化
・調達コストの増大
・品質の悪化　など
会社
環境・社会に与える影響に伴うリスク
・ESG要素の不足による資金調達の悪化
・製品・サービスの売上減
・企業イメージの低下　など
SUSTAINABLE DEVELOPMENT GOALS
環境・社会へ配慮することによるチャンス
・新たな市場の開拓
・企業イメージの向上
・他社との差異化
・ESG投資による資金調達
・環境／社会の変化を見据えた新製品の開発／販売
・バリューチェーンの強化　など

出典：環境省「すべての企業が持続的に発展するために―持続可能な開発目標（SDGs）活用ガイド―」

また、その他のメリットとして、ぜひ注目していただきたいキーワードがあります。それは「ＥＳＧ投資」です。ＥＳＧ投資とは、企業の環境（Environment）・社会（Social）・ガバナンス（Governance）に配慮している企業を重視、選別して行う投資のこと。この投資は、現在、世界の一大トレンド（潮流）になっています。

いままではキャッシュフローや利益率などの「財務情報」が、投資するための企業価値を測る材料として用いられてきました。それが今後は日本でも、従来の財務情報に加え、二酸化炭素排出量抑制への取り組みや、社員のワークライフ・バランスなどの「非財務情報」も、評価の対象となる時代に変わっていくのです。

ＳＤＧｓは、世界が抱える課題を端的に表している世界の共通言語です。だからこそ、今後はＳＤＧｓに取り組むことで、海外を含めたＥＳＧ投資での資金調達が有利になる可能性も大いにあります。

中小企業とビジネスチャンス

２０１７年に開かれたダボス会議では、２０３０年までにＳＤＧｓを達成することで12兆ドル（約１４００兆円）の経済効果と、３億８０００万人の雇用が創出される可能性があると報告されました。

そんな大きなビジネスチャンスがあるにも関わらず、中小企業ではＳＤＧｓへの動きが鈍いようです。

しかし、大企業に比べ中小企業こそ、

・地域に根差した事業活動を行っている（地域課題との関係性も深い）。

・地域住民との距離感が近く、独自の地域ネットワークを持っている。
・意思決定のスピードが速く、個々のニーズに柔軟に対応できる。
といった点から、ＳＤＧｓに取り組むためにぴったりの土壌を持っているといえます。
また、先にＳＤＧｓ活用の４つのポイントを紹介しましたが、中小企業では経営理念が明示化されていないことも多いので、ＳＤＧｓを基軸とすることで、経営理念を社会的使命に沿って明確に実現できるというメリットもあります。

〈中小企業におけるＳＤＧｓ活用のメリット〉

・自社の事業とＳＤＧｓの17の目標を結びつけることで、「こんな風に社会貢献がしたい」という会社の思いを社内外に分かりやすく伝えられる。
・信頼性の向上と企業のブランディングができる。
・企業理念を社内に浸透させることで、社員がそれぞれ自律的に判断できる強い組織をつくれる。
・社会貢献性の高いビジネスをＰＲすることで、優秀な人材の獲得につながる。

このように見ていくと、ＳＤＧｓを経営に取り入れない手はありません。では、簡単にその取組みであり活用のステップを考えてみましょう。

〈中小企業におけるＳＤＧｓ活用のステップ〉

（１）経営理念の振り返り…自社の経営理念を再チェック。明確な経営理念がない場合は、やりたいことを書き出す。

（２）ビジョンの再構築…ＳＤＧｓの17の目標と１６９のターゲットをプリントアウトし、「自社でこれまで取り組んできた事業」と「これから取り組んでいきたい事業」を２色に分けてチェックする。

（３）戦略の設定…チェックしたものを抜き出し、「自社の強み」と「自社の課題」を洗い出す。その強みと課題をもとに、これから自分たちにできるアクションを具体的に考える。

（４）戦術の決定…アクションを行う日時や場所などを決定、実際にアクションを起こす。

あとは、いわゆるＰＤＣＡサイクルである「計画を立て、実行し、評価し、改善して次の計画をたてる」という過程を繰り返していくことで、自ずと価値のある取り組みに変わってきます。最初から、コストをかけて大掛かりなことを始める必要はありません。すでに自社が取り組んでいる事業を大切にしつつ、節水・節電、福利厚生にかかわる制度の整理など、身近で取り組みやすいことから始めるのが長続きのコツです。

では、５章の漫画ページでは「戦略」と「戦術」について、解説ページでは漫画の舞台となった大井川茶園での取り組みについて紹介していきます。

ターゲットの紹介Part.4　目標11～13

目標 11.
包摂的で安全かつ強靱（レジリエント）で持続可能な都市及び人間居住を実現する

11.1 2030年までに、すべての人々の、適切、安全かつ安価な住宅及び基本的サービスへのアクセスを確保し、スラムを改善する。

11.2 2030年までに、脆弱な立場にある人々、女性、子ども、障害者及び高齢者のニーズに特に配慮し、公共交通機関の拡大などを通じた交通の安全性改善により、すべての人々に、安全かつ安価で容易に利用できる、持続可能な輸送システムへのアクセスを提供する。

11.3 2030年までに、包摂的かつ持続可能な都市化を促進し、すべての国々の参加型、包摂的かつ持続可能な人間居住計画・管理の能力を強化する。

11.4 世界の文化遺産及び自然遺産の保護・保全の努力を強化する。

11.5 2030年までに、貧困層及び脆弱な立場にある人々の保護に焦点をあてながら、水関連災害などの災害による死者や被災者数を大幅に削減し、世界の国内総生産比で直接的経済損失を大幅に減らす。

11.6 2030年までに、大気の質及び一般並びにその他の廃棄物の管理に特別な注意を払うことによるものを含め、都市の一人当たりの環境上の悪影響を軽減する。

11.7 2030年までに、女性、子ども、高齢者及び障害者を含め、人々に安全で包摂的かつ利用が容易な緑地や公共スペースへの普遍的アクセスを提供する。

11.a 各国・地域規模の開発計画の強化を通じて、経済、社会、環境面における都市部、都市周辺部及び農村部間の良好なつながりを支援する。

11.b 2020年までに、包含、資源効率、気候変動の緩和と適応、災害に対する強靱さ（レジリエンス）を目指す総合的政策及び計画を導入・実施した都市及び人間居住地の件数を大幅に増加させ、仙台防災枠組2015-2030に沿って、あらゆるレベルでの総合的な災害リスク管理の策定と実施を行う。

11.c 財政的及び技術的な支援などを通じて、後発開発途上国における現地の資材を用いた、持続可能かつ強靱（レジリエント）な建造物の整備を支援する。

目標 12.
持続可能な生産消費形態を確保する

12.1 開発途上国の開発状況や能力を勘案しつつ、持続可能な消費と生産に関する10年計画枠組み（10YFP）を実施し、先進国主導の下、すべての国々が対策を講じる。

12.2 2030年までに天然資源の持続可能な管理及び効率的な利用を達成する。

12.3 2030年までに小売・消費レベルにおける世界全体の一人当たりの食料の廃棄を半減させ、収穫後損失などの生産・サプライチェーンにおける食品ロスを減少させる。

12.4 2020年までに、合意された国際的な枠組みに従い、製品ライフサイクルを通じ、環境上適正な化学物質やすべての廃棄物の管理を実現し、人の健康や環境への悪影響を最小化するため、化学物質や廃棄物の大気、水、土壌への放出を大幅に削減する。

12.5 2030年までに、廃棄物の発生防止、削減、再生利用及び再利用により、廃棄物の発生を大幅に削減する。

12.6 特に大企業や多国籍企業などの企業に対し、持続可能な取り組みを導入し、持続可能性に関する情報を定期報告に盛り込むよう奨励する。

12.7 国内の政策や優先事項に従って持続可能な公共調達の慣行を促進する。

12.8 2030年までに、人々があらゆる場所において、持続可能な開発及び自然と調和したライフスタイルに関する情報と意識を持つようにする。

12.a 開発途上国に対し、より持続可能な消費・生産形態の促進のための科学的・技術的能力の強化を支援する。

12.b 雇用創出、地方の文化振興・産品販促につながる持続可能な観光業に対して持続可能な開発がもたらす影響を測定する手法を開発・導入する。

12.c 開発途上国の特別なニーズや状況を十分考慮し、貧困層やコミュニティを保護する形で開発に関する悪影響を最小限に留めつつ、税制改正や、有害な補助金が存在する場合はその環境への影響を考慮してその段階的廃止などを通じ、各国の状況に応じて、市場のひずみを除去することで、浪費的な消費を奨励する、化石燃料に対する非効率な補助金を合理化する。

目標 13.
気候変動及びその影響を軽減するための緊急対策を講じる

13.1 すべての国々において、気候関連災害や自然災害に対する強靱性（レジリエンス）及び適応の能力を強化する。

13.2 気候変動対策を国別の政策、戦略及び計画に盛り込む。

13.3 気候変動の緩和、適応、影響軽減及び早期警戒に関する教育、啓発、人的能力及び制度機能を改善する。

13.a 重要な緩和行動の実施とその実施における透明性確保に関する開発途上国のニーズに対応するため、2020年までにあらゆる供給源から年間1,000億ドルを共同で動員するという、UNFCCCの先進締約国によるコミットメントを実施するとともに、可能な限り速やかに資本を投入して緑の気候基金を本格始動させる。

13.b 後発開発途上国及び小島嶼開発途上国において、女性や青年、地方及び社会的に疎外されたコミュニティに焦点を当てることを含め、気候変動関連の効果的な計画策定と管理のための能力を向上するメカニズムを推進する。

CHAPTER

05

▼

SDGsと ビジネスチャンス

公民館
お茶屋さんに教わる
お茶の美しい効果
はぁあ美味しいわぁ
同じお茶なのに淹れ方だけでこんなに違うとは
ズズ…

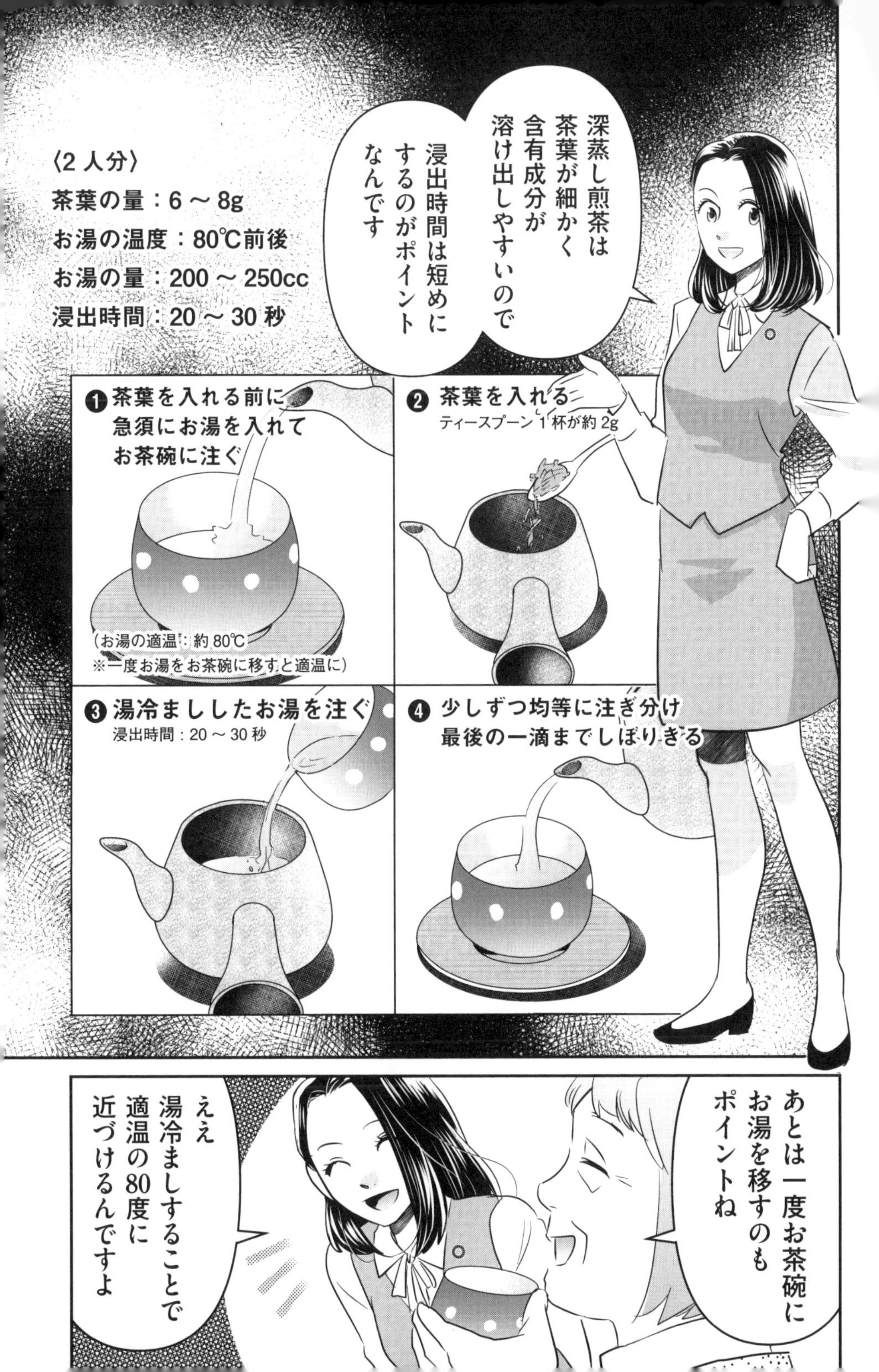
深蒸し煎茶は
茶葉が細かく
含有成分が
溶け出しやすいので
浸出時間は短めに
するのがポイント
なんです
〈2 人分〉
茶葉の量：6 ～ 8g
お湯の温度：80℃前後
お湯の量：200 ～ 250cc
浸出時間：20 ～ 30 秒
❶ 茶葉を入れる前に
急須にお湯を入れて
お茶碗に注ぐ
（お湯の適温：約 80℃
※一度お湯をお茶碗に移すと適温に）
❷ 茶葉を入れる
ティースプーン 1 杯が約 2g
❸ 湯冷ましした湯を注ぐ
浸出時間：20 ～ 30 秒
❹ 少しずつ均等に注ぎ分け
最後の一滴までしぼりきる
あとは一度お茶碗に
お湯を移すのも
ポイントね
ええ
湯冷ましすることで
適温の80度に
近づけるんですよ

さっそく家で試してみるわ
ではそろそろ今日の講座はお開きですが…
もしよろしければみなさんお茶を持って帰られませんか？
あれそのカラフルなバッジは何？
そうそう私も気になってたのよ
カラフルなドーナツみたいほんとかわいいわね

実はこれ
SDGsって
言って——
なるほどねぇ
そんな活動があったなんて知らなかったわ
そうね じゃあこうやって残ったお茶を分け合うのも——
そう SDGsの「つくる責任 つかう責任」ですよね！
今度はお茶を飲みながらSDGsについて説明してよ
もっと詳しく知りたいな
はい！

株式会社 大井川
ていうことがあったんですよ!
なんかやっと見えてきたって感じ
うん身近になってきたね
これまで概念的・抽象的だったものが実際のアクションとして具体化されたことで
SDGsを実感できるようになってきたって感じかな

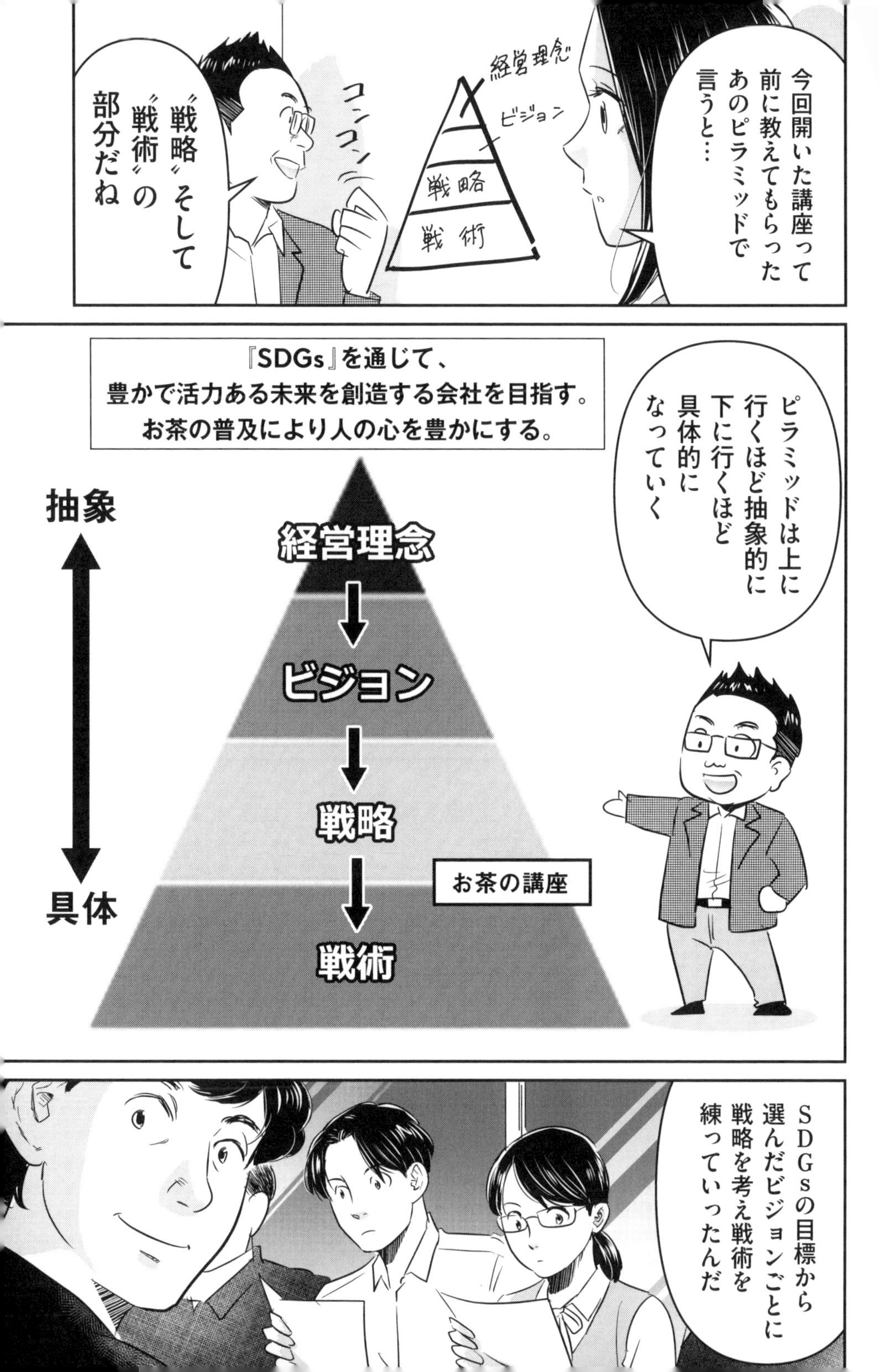
今回開いた講座って前に教えてもらったあのピラミッドで言うと…
経営理念
ビジョン
戦略
戦術
コン コン
〝戦略〟そして〝戦術〟の部分だね
『SDGs』を通じて、
豊かで活力ある未来を創造する会社を目指す。
お茶の普及により人の心を豊かにする。
抽象
具体
経営理念
ビジョン
戦略
戦術
お茶の講座
ピラミッドは上に行くほど抽象的に下に行くほど具体的になっていく
SDGsの目標から選んだビジョンごとに戦略を考え戦術を練っていったんだ

『SDGs』を通じて、
豊かで活力ある未来を創造する会社を目指す。
お茶の普及により人の心を豊かにする。

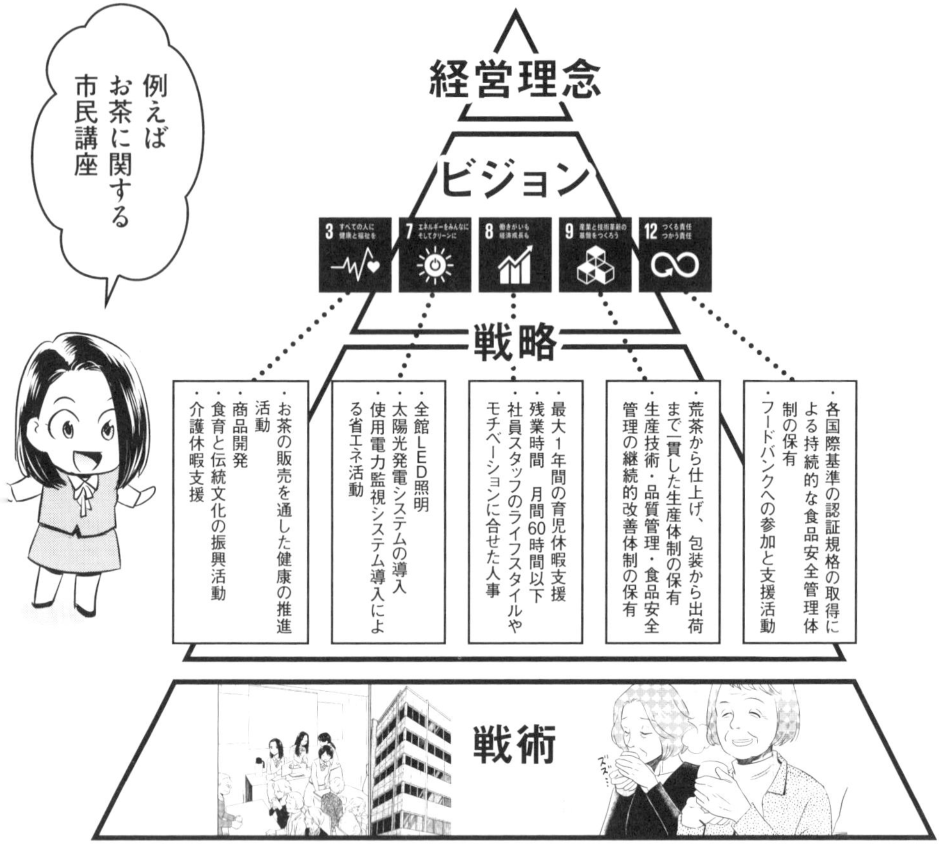

※大井川茶園の取り組みに関する詳細はP134へ

そのとおり!
こんな風に視覚化すると分かりやすいね!
〝戦略〟の内容を見ていくと他のSDGsにも該当しそうな内容もあるのか…
そうね例えば「フードバンクへの参加と支援活動」なら
2 飢餓をゼロに
SDGs目標の「2.飢餓をゼロに」にも該当しそう
あとはほら地域貢献の一環としてスポンサーをしてるサッカーチーム
大井川茶園 MVP賞
大井川茶園 MVP賞
大井川茶園 20th スペシャルマッチ
2019.7.21 SUN 17:00 Kick Off @藤枝総合運動公園サッカー場
あれもSDGs目標の『11.住み続けられるまちづくりを』だよね
うんうん

そうね
社内を見渡せば
もっといっぱい
見つけられるかも
うん
SDGsには
決まりはないから
みんなであーだこーだ
言ってたくさん議論
しながらよりよい内容に
していけるといいね
チャッ
よ！
みんな
やってるな！
社長！
どうしたんですか
？
いやさ
これを見せようと
思って

大井川茶園
癒しの
-RELAXATION-
禅
Zen
一番茶
OOIGAWACHAEN
-GOLD-
ゴールド
大井川茶園
大井川茶園
癒しの
-RELAXATION-
禅
Zen
初摘み一番茶
OOIGAWACHAEN
-PLATINA-
プラチナ
大井川茶園
癒しの禅?
これって…
そう!
わが社の
新製品だ!!
ええー!?
すごい!!
お茶の旨味成分である
テアニンには
リラックス効果が
あるだろう?
何かと忙しい
現代社会の中で少しでも
みなさんにゆっくりした
時間を過ごしてほしい
そんな願いを
込めたのです

さすが社長
『癒しの禅』って商品名もいいね
大井川茶園
インバウンド向けにもウケそう
フフフ
「お茶の普及～」の具現化なんだよ
これはさっきのピラミッド表でいうと
『SDGs』を通じて、
豊かで活力ある未来を創造する会社を目指す。
お茶の普及により人の心を豊かにする。
3 すべての人に健康と福祉を
〈ビジョン〉
3. すべての人に健康と福祉を
〈戦略〉
商品開発
〈戦術〉
新商品『癒しの禅』
って感じね!
そうだね
そういえばこれはさ
あ そのアイデアいいかも!

ほんとはSDGsを取り入れるのはちょっと不安だったんだ
みんな忙しいから負担を増やしてしまうんじゃないかってさ
社長でもそんな弱気なこと考えるんですね
そりゃあオレだって前例のない取り組みだから…
うーん
でも本当にやってよかった
こんなにみんなが自主性を持ってくれてすごくうれしいよ

池嶋さん
スッ…
ありがとう
君を
SDGs推進室長に
任命してよかったよ
え いや
私はできることを
したまでで

※セレンディピティとは、洞察力や観察力や賢さや感覚の鋭さで探し当てる能力のこと。チャンスは準備している人に訪れる。

大井川茶園における SDGsの取り組み

「CSR」から「SDGs」へ

静岡県焼津市に本社を構える大井川茶園は、1999年に設立されたお茶の製造販売会社です。各種日本茶のほか、抹茶や健康茶などの販売も行っています。中でも2007年に発売した「茶工場のまかない」シリーズは、累計販売数が1100万本を超えるヒットとなり同社の中核商品となりました。本書で舞台となるお茶の会社は、この大井川茶園がモデルになっています。

大井川茶園における社会貢献への取り組みは、2011年にさかのぼります。同社主催の地域貢献イベントを1週間前に控えた3月11日、未曾有の災害となった東日本大震災が発生しました。全国的な混乱の中、通常であれば翌週のイベントは中止もしくは延期とするところ、当時社長であった雪嶋直通氏（現会長兼社長）は正反対の決断をします。地域貢献のためのイベントを被災者支援のチャリティイベントに変更して開催することにしたのです。

この決断は、社員からだけでなくパートスタッフからも猛反対を受けました。「こんな時期に不謹慎」「イベントなんて楽しめるはずがない」。寄せられた意見ひとつずつに耳を傾けながら、それでも社長は決断し、予定通りチャリティイベントを開催しました。

蓋を開けてみれば、イベントは大盛況。お茶や野菜など地元品の販売、落語家の人情噺、そして同社がトップスポンサーをしているサッカーチーム「藤枝ＭＹＦＣ」の選手が参加するサッカー広場……と多彩な催しものに、大人から子どもまでたくさんの人が集まってくれました。また、会場に設置された募金箱にも、来場者から多くの善意が寄せられたのです。

では、どうして社長は、多くの反対にも関わらずこんな時期にイベントを開催したのでしょう。そこには「『こんな時期』だからこそ、運よく無事であった地域に住む我々が、いち早く被災地のために立ち上がるべき」という考えがありました。確かに大震災の翌週にイベントを開くとだけ聞いて、不謹慎に思う人がいることは分かっていました。しかし、誰にも時間を戻すことはできません。残念ながら、起きてしまった災害をなかったことにはできないのです。だからこそ、いままさに被災地で困っている方々のために、スピードを持って動くことこそが、自分たちにできる最大のサポートである。社長はそう考えたそうです。

結果、このチャリティイベントは大きな反響を呼び、各地でチャリティが実施されました。その後、アメリカ、ドイツといった世界の各都市を視察で訪れた際、グローバル企業がＳＤＧｓを基盤に企業戦略を立てる様子を目の当たりにした社長は、こんな誓いを立てました。

「ＳＤＧｓを通じて社会貢献をし、活力ある未来を創造する会社を目指そう！」

自社の強みを活かしたＳＤＧｓの実践

まず、同社では成長を伴ったＳＤＧｓの実戦を目指し、

・「ダイナミズム」「イノベーション」「ハイスピード」「忍耐」が私たちの経営のキーワードです。
・日本の茶文化の振興が私たちの究極の命題です。
・大井川茶園の目標の完遂と成功は私たちの誇りです。

という、３つの新たな企業理念を掲げました。

その後、２０１８年には「ＳＤＧｓ推進室」を設置、会社全体で取り組む体制を整えます。そこで、企業理念に基づき、17の目標のうち５つを自社のビジョンに掲げて、戦略・戦術に応用していったのです（P67の「企業経営における『ビジョン』とは」も参照のこと）。

それでは、ＳＤＧｓ目標に対し、実際にどのような戦略と戦術を組み

大井川茶園資料より

企業理念

- **「ダイナミズム」「イノベーション」「ハイスピード」「忍耐」が私たちの経営キーワードです。**

  お取引先様の満足度は、私たちのダイナミズムとイノベーションとハイスピード、忍耐によってのみ実現可能になります。常に会社は、この経営キーワードを基本とします。

- **日本の茶文化の振興が私たちの究極の命題です。**

  茶文化の振興と共に私たちの会社は存在しております。会社存続は、茶文化の振興によってのみ実現可能になります。

- **大井川茶園の目標の完遂と成功は私たちの誇りです。**

  大井川茶園の目標の完遂と成功が多くの社会貢献を生み出します。その社会貢献は、完遂と成功によってのみ実現可能になります。

立てていったのでしょうか。実際に見ていきましょう。

「ビジョン」「戦略」「戦術」の実例

【ビジョン1】
目標3「すべての人に健康と福祉を」
あらゆる年齢のすべての人々の健康的な生活を確保し、福祉を促進する

〈ビジョンに対する戦略〉
（1）お茶の販売を通した健康の普及活動
（2）『癒しの禅』などの商品開発
（3）NPO法人「茶食育をすすめる会」による食育と伝統文化の振興活動
（4）介護休暇支援

〈（3）に対する「戦術」〉
2007年にNPO法人「茶食育を進める会」を設立。「おいしいお茶の淹れ方や味わい方を伝える」ことをテーマに、日本茶に関する勉強会を開催してきました。実際の勉強会では、日本茶インストラクターが、日本茶の歴史や効能、効果的な飲み方、おいしいお茶の淹れ方など実践を交えつつ紹介。スーパーマーケットや小学校、公民館などさまざまな場で会を開催することで、より幅広い層に向け、お茶を通した食育と伝統文化の振興に務めています。

【ビジョン2】
目標7「エネルギーをみんなに そしてクリーンに」
すべての人々の、安価かつ信頼できる持続可能な近代的エネルギーへのアクセスを確保する

〈ビジョンに対する戦略〉

（1）全館LED照明
（2）工場への太陽光発電システムの導入
（3）使用電力監視システム導入による省エネ活動

〈（2）に対する「戦術」〉

2009年に新設した生産工場の屋根には、太陽光発電設備を設置。これにより、太陽エネルギーを活用したクリーンエネルギーを工場内で生み出せるようになりました。また、近隣の幼稚園や小学校を対象に、太陽光発電の仕組みを伝える工場見学も実施。発電の仕組みを説明するための展示パネルや、大型ディスプレイでの発電状況の観察など、子どもたちが、楽しみながら、視覚的・感覚的に学べるような工夫がされています。

※新設した工場については、ビジョン4も参照のこと。

【ビジョン3】
目標8「働きがいも経済成長も」

包摂的かつ持続可能な経済成長及びすべての人々の完全かつ生産的な雇用と働きがいのある人間らしい雇用（ディーセント・ワーク）を促進する

〈ビジョンに対する戦略〉

（1）最大1年間の育児休暇（産前産後休暇）支援
（2）残業時間を月間60時間以下に
（3）スタッフのライフスタイルに合わせた職務配置
（4）「ダイナミズム」「イノベーション」「ハイスピード」「忍耐」を機軸とした経営理念

〈（1）に対する「戦術」〉

必要だと分かっていながら、特に中小企業ではなかなか整備するのが難しい育児休暇。大井川茶園では、本格的に社員の育児休暇に対応するため、現場の仕事の割り振りやシフトなど、根本的な見直しを行いました。また復職した社員には、それぞれの事情を個別にヒアリングし、本人の希望に応じた仕事を割り当てます。

【ビジョン4】

目標9「産業と技術革新の基盤をつくろう」

強靱（レジリエント）なインフラ構築、包摂的かつ持続可能な産業化の促進及びイノベーションの推進を図る

〈ビジョンに対する戦略〉

（1）荒茶から仕上げ、包装から出荷まで一貫した生産体制（バーチカル・インテグレーション・ファクトリー）の保有

（2）ISO9001、FSSC22000規格の運用による生産技術、ならびに品質管理および食品安全管理の継続的改善体制の保有

〈（1）に対する「戦術」〉

大きく分けると、お茶の製造は「生茶」→「荒茶」→「仕上げ茶」という3工程に分かれます。一般的に、お茶メーカーの多くは「荒茶」という半製品状態のものを農家や農協から仕入れ、製茶工程の「仕上げ茶づくり」の工程のみを行います。

しかし、大井川茶園では、2009年に業界初のバーティカルインテグレーション（垂直統合）型工場を完成。生葉の受け入れから荒茶製造、仕上げ、袋詰め、出荷までを、同じ敷地内の工場で一貫して行っています。こうして、製品が作られるまでの工程すべてを自社で行うことで、お茶の価格や生産期間を抑え、安全で高品質なお茶づくり

を実現しました。また、この一貫生産システムは、お茶の製造工程が理解しやすいと好評で、工場見学者も増えています。また、社員が異業種の見学者と交流することで、新たな発想を生み出すビジネスチャンスにもつながっています。

【ビジョン5】

目標12「つくる責任　つかう責任」

持続可能な生産消費形態を確保する

〈ビジョンに対する戦略〉

（１）ＩＳＯ９００１認証規格の取得（本社）
（２）ＦＳＳＣ２２０００認証規格の取得（ＭＡＴＣＨＡ工場）による持続的な食品安全管理体制の保有
（３）一般社団法人　ジャパン・フードバンク・リンクへの参加と支援活動

〈（1）（2）に対する「戦術」〉

大井川茶園では２０１１年に品質マネジメントシステムの国際規格「ＩＳＯ９００１」を取得。２０１８年からは、食品安全マネジメントシステムの国際規格「ＦＳＳＣ２２０００」を取得した抹茶工場を稼働させました。衛生管理の徹底により付加価値を高めた商品を積極的に開発し、国内をはじめ海外市場の開拓にも取り組んでいます。

同社の掲げた目標は、健康やエネルギー、成長・雇用、イノベーション、食品ロス削減と、多岐にわたります。便宜上、ここでは各「ビジョン」に対応する「戦略」「戦術」という分け方で紹介をしていきましたが、現実にはこれらは少しずつ密接に絡み合っています。

そして、その傘となっているのが「**『ＳＤＧｓ』を通じて、豊かで活力ある未来を創造する会社を目指す」「お茶の普及により人の心を豊かにする」**というコーポレートガバナンス（企業統治）であるＳＤＧｓです。

大井川茶園のモデルは、目標の達成に向けたさまざまな活動を行い、大企業でなくとも個性を活かした「自社だからできる」取り組みの実践へとつなげた好例と言えるでしょう。

大井川茶園におけるSDGsの取り組み

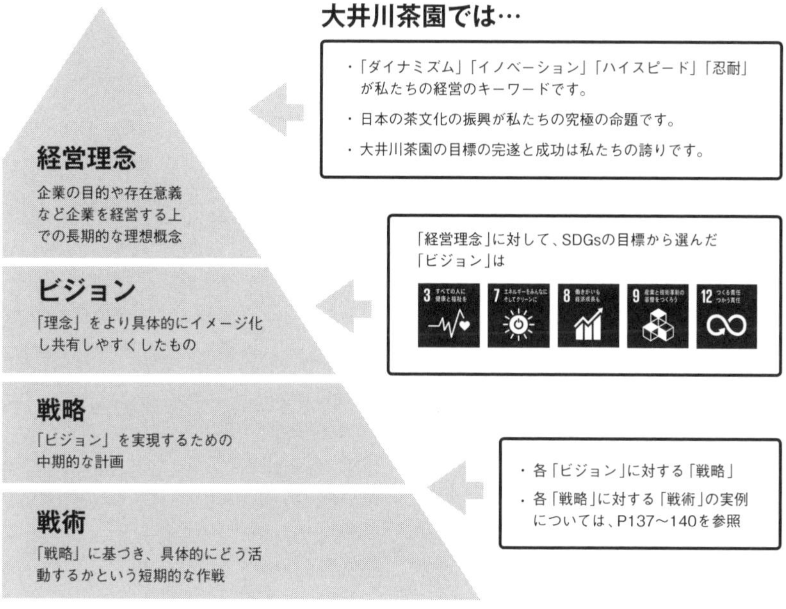
大井川茶園では…
・「ダイナミズム」「イノベーション」「ハイスピード」「忍耐」が私たちの経営のキーワードです。
・日本の茶文化の振興が私たちの究極の命題です。
・大井川茶園の目標の完遂と成功は私たちの誇りです。
経営理念
企業の目的や存在意義など企業を経営する上での長期的な理想概念
「経営理念」に対して、SDGsの目標から選んだ「ビジョン」は
ビジョン
「理念」をより具体的にイメージ化し共有しやすくしたもの
戦略
「ビジョン」を実現するための中期的な計画
・各「ビジョン」に対する「戦略」
・各「戦略」に対する「戦術」の実例については、P137〜140を参照
戦術
「戦略」に基づき、具体的にどう活動するかという短期的な作戦

ターゲットの紹介Part.5　目標14～15

目標14.

持続可能な開発のために海洋・海洋資源を保全し、持続可能な形で利用する

14.1　2025年までに、海洋ごみや富栄養化を含む、特に陸上活動による汚染など、あらゆる種類の海洋汚染を防止し、大幅に削減する。

14.2　2020年までに、海洋及び沿岸の生態系に関する重大な悪影響を回避するため、強靭性（レジリエンス）の強化などによる持続的な管理と保護を行い、健全で生産的な海洋を実現するため、海洋及び沿岸の生態系の回復のための取組を行う。

14.3　あらゆるレベルでの科学的協力の促進などを通じて、海洋酸性化の影響を最小限化し、対処する。

14.4　水産資源を、実現可能な最短期間で少なくとも各資源の生物学的特性によって定められる最大持続生産量のレベルまで回復させるため、2020年までに、漁獲を効果的に規制し、過剰漁業や違法・無報告・無規制（IUU）漁業及び破壊的な漁業慣行を終了し、科学的な管理計画を実施する。

14.5　2020年までに、国内法及び国際法に則り、最大限入手可能な科学情報に基づいて、少なくとも沿岸域及び海域の10パーセントを保全する。

14.6　開発途上国及び後発開発途上国に対する適切かつ効果的な、特別かつ異なる待遇が、世界貿易機関（WTO）漁業補助金交渉の不可分の要素であるべきことを認識した上で、2020年までに、過剰漁獲能力や過剰漁獲につながる漁業補助金を禁止し、違法・無報告・無規制（IUU）漁業につながる補助金を撤廃し、同様の新たな補助金の導入を抑制する2。

注釈2 現在進行中の世界貿易機関（WTO）交渉およびWTOドーハ開発アジェンダ、ならびに香港閣僚宣言のマンデートを考慮。

14.7　2030年までに、漁業、水産養殖及び観光の持続可能な管理などを通じ、小島嶼開発途上国及び後発開発途上国の海洋資源の持続的な利用による経済的便益を増大させる。

14.a　海洋の健全性の改善と、開発途上国、特に小島嶼開発途上国および後発開発途上国の開発における海洋生物多様性の寄与向上のために、海洋技術の移転に関するユネスコ政府間海洋学委員会の基準・ガイドラインを勘案しつつ、科学的知識の増進、研究能力の向上、及び海洋技術の移転を行う。

14.b　小規模・沿岸零細漁業者に対し、海洋資源及び市場へのアクセスを提供する。

14.c　「我々の求める未来」のパラ158において想起されるとおり、海洋及び海洋資源の保全及び持続可能な利用のための法的枠組みを規定する海洋法に関する国際連合条約（UNCLOS）に反映されている国際法を実施することにより、海洋及び海洋資源の保全及び持続可能な利用を強化する。

目標15.

陸域生態系の保護、回復、持続可能な利用の推進、持続可能な森林の経営、砂漠化への対処、ならびに土地の劣化の阻止・回復及び生物多様性の損失を阻止する

15.1　2020年までに、国際協定の下での義務に則って、森林、湿地、山地及び乾燥地をはじめとする陸域生態系と内陸淡水生態系及びそれらのサービスの保全、回復及び持続可能な利用を確保する。

15.2　2020年までに、あらゆる種類の森林の持続可能な経営の実施を促進し、森林減少を阻止し、劣化した森林を回復し、世界全体で新規植林及び再植林を大幅に増加させる。

15.3　2030年までに、砂漠化に対処し、砂漠化、干ばつ及び洪水の影響を受けた土地などの劣化した土地と土壌を回復し、土地劣化に荷担しない世界の達成に尽力する。

15.4　2030年までに持続可能な開発に不可欠な便益をもたらす山地生態系の能力を強化するため、生物多様性を含む山地生態系の保全を確実に行う。

15.5　自然生息地の劣化を抑制し、生物多様性の損失を阻止し、2020年までに絶滅危惧種を保護し、また絶滅防止するための緊急かつ意味のある対策を講じる。

15.6　国際合意に基づき、遺伝資源の利用から生ずる利益の公正かつ衡平な配分を推進するとともに、遺伝資源への適切なアクセスを推進する。

15.7　保護の対象となっている動植物種の密猟及び違法取引を撲滅するための緊急対策を講じるとともに、違法な野生生物製品の需要と供給の両面に対処する。

15.8　2020年までに、外来種の侵入を防止するとともに、これらの種による陸域・海洋生態系への影響を大幅に減少させるための対策を導入し、さらに優先種の駆除または根絶を行う。

15.9　2020年までに、生態系と生物多様性の価値を、国や地方の計画策定、開発プロセス及び貧困削減のための戦略及び会計に組み込む。

15.a　生物多様性と生態系の保全と持続的な利用のために、あらゆる資金源からの資金の 動員及び大幅な増額を行う。

15.b　保全や再植林を含む持続可能な森林経営を推進するため、あらゆるレベルのあらゆる供給源から、持続可能な森林経営のための資金の調達と開発途上国への十分なインセンティブ付与のための相当量の資源を動員する。

15.c　持続的な生計機会を追求するために地域コミュニティの能力向上を図る等、保護種の密猟及び違法な取引に対処するための努力に対する世界的な支援を強化する。

ターゲットの紹介Part.6　目標16～17

目標 16.

持続可能な開発のための平和で包摂的な社会を促進し、すべての人々に司法へのアクセスを提供し、あらゆるレベルにおいて効果的で説明責任のある包摂的な制度を構築する

16.1　あらゆる場所において、すべての形態の暴力及び暴力に関連する死亡率を大幅に減少させる。

16.2　子どもに対する虐待、搾取、取引及びあらゆる形態の暴力及び拷問を撲滅する。

16.3　国家及び国際的なレベルでの法の支配を促進し、すべての人々に司法への平等なアクセスを提供する。

16.4　2030年までに、違法な資金及び武器の取引を大幅に減少させ、奪われた財産の回復及び返還を強化し、あらゆる形態の組織犯罪を根絶する。

16.5　あらゆる形態の汚職や贈賄を大幅に減少させる。

16.6　あらゆるレベルにおいて、有効で説明責任のある透明性の高い公共機関を発展させる。

16.7　あらゆるレベルにおいて、対応的、包摂的、参加型及び代表的な意思決定を確保する。

16.8　グローバル・ガバナンス機関への開発途上国の参加を拡大・強化する。

16.9　2030年までに、すべての人々に出生登録を含む法的な身分証明を提供する。

16.10 国内法規及び国際協定に従い、情報への公共アクセスを確保し、基本的自由を保障する。

16.a　特に開発途上国において、暴力の防止とテロリズム・犯罪の撲滅に関するあらゆるレベルでの能力構築のため、国際協力などを通じて関連国家機関を強化する。

16.b　持続可能な開発のための非差別的な法規及び政策を推進し、実施する。

目標 17.

**持続可能な開発のための実施手段を強化し、
グローバル・パートナーシップを活性化する**

資金

17.1　課税及び徴税能力の向上のため、開発途上国への国際的な支援なども通じて、国内資源の動員を強化する。

17.2　先進国は、開発途上国に対するODAをGNI比0.7%に、後発開発途上国に対するODAをGNI比0.15~0.20%にするという目標を達成するとの多くの国によるコミットメントを含むODAに係るコミットメントを完全に実施する。ODA供与国が、少なくともGNI比0.20%のODAを後発開発途上国に供与するという目標の設定を検討することを奨励する。

17.3　複数の財源から、開発途上国のための追加的資金源を動員する。

17.4　必要に応じた負債による資金調達、債務救済及び債務再編の促進を目的とした協調的な政策により、開発途上国の長期的な債務の持続可能性の実現を支援し、重債務貧困国（HIPC）の対外債務への対応により債務リスクを軽減する。

17.5　後発開発途上国のための投資促進枠組みを導入及び実施する。

技術

17.6　科学技術イノベーション（STI）及びこれらへのアクセスに関する南北協力、南南協力及び地域的・国際的な三角協力を向上させる。また、国連レベルをはじめとする既存のメカニズム間の調整改善や、全世界的な技術促進メカニズムなどを通じて、相互に合意した条件において知識共有を進める。

17.7　開発途上国に対し、譲許的・特恵的条件などの相互に合意した有利な条件の下で、環境に配慮した技術の開発、移転、普及及び拡散を促進する。

17.8　2017年までに、後発開発途上国のための技術バンク及び科学技術イノベーション能力構築メカニズムを完全運用させ、情報通信技術（ICT）をはじめとする実現技術の利用を強化する。

能力構築

17.9　すべての持続可能な開発目標を実施するための国家計画を支援するべく、南北協力、南南協力及び三角協力などを通じて、開発途上国における効果的かつ的をしぼった能力構築の実施に対する国際的な支援を強化する。

貿易

17.10 ドーハ・ラウンド（DDA）交渉の結果を含めたWTOの下での普遍的でルールに基づいた、差別的でない、公平な多角的貿易体制を促進する。

17.11 開発途上国による輸出を大幅に増加させ、特に2020年までに世界の輸出に占める後発開発途上国のシェアを倍増させる。

17.12 後発開発途上国からの輸入に対する特恵的な原産地規則が透明で簡略的かつ市場アクセスの円滑化に寄与するものとなるようにすることを含む世界貿易機関（WTO）の決定に矛盾しない形で、すべての後発開発途上国に対し、永続的な無税・無枠の市場アクセスを適時実施する。

体制面

政策・制度的整合性

17.13 政策協調や政策の首尾一貫性などを通じて、世界的なマクロ経済の安定を促進する。

17.14 持続可能な開発のための政策の一貫性を強化する。

17.15 貧困撲滅と持続可能な開発のための政策の確立・実施にあたっては、各国の政策空間及びリーダーシップを尊重する。

マルチステークホルダー・パートナーシップ

17.16 すべての国々、特に開発途上国での持続可能な開発目標の達成を支援すべく、知識、専門的知見、技術及び資金源を動員、共有するマルチステークホルダー・パートナーシップによって補完しつつ、持続可能な開発のためのグローバル・パートナーシップを強化する。

17.17 さまざまなパートナーシップの経験や資源戦略を基にした、効果的な公的、官民、市民社会のパートナーシップを奨励・推進する。

データ、モニタリング、説明責任

17.18 2020年までに、後発開発途上国及び小島嶼開発途上国を含む開発途上国に対する能力構築支援を強化し、所得、性別、年齢、人種、民族、居住資格、障害、地理的位置及びその他各国事情に関連する特性別の質が高く、タイムリーかつ信頼性のある非集計型データの入手可能性を向上させる。

17.19 2030年までに、持続可能な開発の進捗状況を測るGDP以外の尺度を開発する既存の取組を更に前進させ、開発途上国における統計に関する能力構築を支援する。

株式会社
大井川茶園
Intertek
Intertek
大井川茶園
茶
大井川茶園
キョロキョロ
あ
あれじゃない？

キイッ
チカッ
村神さん！
小川さん！
お二人とも来て
下さったんですね！
ええ
せっかくのご縁
ですから

先日も資料ありがとうございました
あれくらいなんでも無いよ役に立った？
もちろんです
村神さんとはよくメールして色々ご指導いただいているんだよ
そうだったんですね！
ここまで来れたのもお二人との出会いのおかげです

わたくしたちは自分のことやアイデアをお話しただけですから
ここまでやってこられたのはお二人と社長さんのお力ですよ
社長も喜ぶと思います
へへ
池嶋さーん！ちょっとこっち来てー！
園
はーい！
株式会社
大井川茶園

社長
ご紹介したい方が
ああ！
お久しぶりです
株式会社
大井川茶園
FSSC 22000
Intertek
認証範囲 MATCHA工場
Intertek
UKAS
ISO9001 2015 認証取得
大井川茶園
お茶の郷 本店
グッ
グッ

お知り合いだったんですか⁉
ハッハッハッ
社長と私が古い知り合いでね
俺も後で知ったんだ
えー！知らなかったの私だけですか⁉
会社
取り付けますよー
大井川茶園
SUSTAINABLE DEVELOPMENT
SDGs
GOALS
世界を変えるための17の目標
THE GLOBAL GOALS
For Sustainable Development

株式会社
大井川茶園
大井川茶園 SDGs SUSTAINABLE DEVELOPMENT GOALS
THE GLOBAL GOALS For Sustainable Development
FSSC 22000 CERTIFICATION
FSSC 22000
Intertek
認証範囲 MATCHA工場
ISO 9001 CERTIFICATION
Intertek
UKAS MANAGEMENT SYSTEMS 014
ISO9001:2015 認証取得
SDGs
ビジネス総合研究所
―経営戦略会議―
大井川茶園
お茶の郷 本店

フフフ…
ええぇー!? まだ何かやるんですか??
社長が言ってた『最後のひと仕事』ってこれだったんですね

そうだよ
でも『SDGsビジネス総合研究所』って何するんですか？
大企業だったら新しいことにも比較的簡単に取り組めるでしょ？
でも中小企業はそんな簡単にはいかない
株式会社
大井川茶園
会社の動きがみんなの生活に直結するからね
株式会社
大井川茶園
FSSC 22000
Intertek
認証範囲 MATCHA工場
Intertek
UKAS
ISO9001 2015 認証取得
SDGs
THE GLOBAL GOALS
SDGs
ビジネス総合研究所
大井川茶園
お茶の郷 本店
株式会

だからこそSDGsに取り組むことによってちゃんと利益が増えてくるような仕組みを作らなくてはいけない
取り組みをビジネスチャンスにつなげていくってことですね
『経営戦略会議』とついているのは
経営のアイデアを出し合う場として機能してほしいということでしょうか？
SDGs
ビジネス総合研究所
―経営戦略会議―
そのとおりです

こういった取り組みは続けていかなくては意味がない
最初の数年やって立ち消えに…ってよくある話ですよね
ボランティアではなくちゃんと利益が出るビジネスであれば
うちみたいな中小企業でも無理なく続けていけます
よりよい社会をつくっていくために
どんどんアイデアを出し合いましょうね
そうです！
ということでこれからもよろしく頼むな池嶋さん！
ええ…！私ですか!?
そうだよ室長！
私にできるかなあ

お間に合ったよ！
ザワザワ
…
おー大きい！
すごいねー
取り付け
完了しました！
SDGs
ビジネス総合研究所
―経営戦略会議―
わあっ

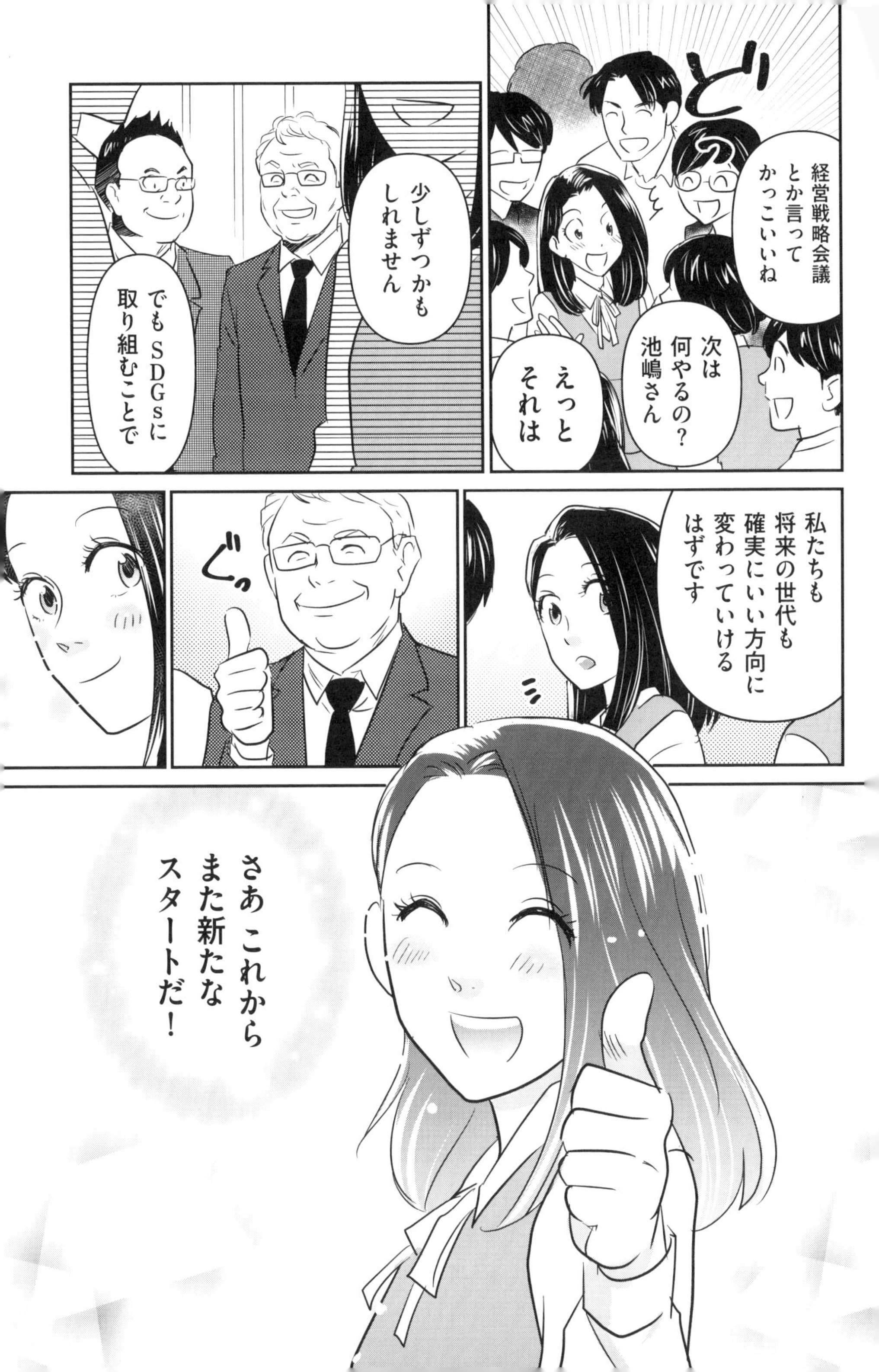
どっ
経営戦略会議とか言ってかっこいいね
次は何やるの？池嶋さん
えっとそれは
少しずつかもしれません
でもＳＤＧｓに取り組むことで
私たちも将来の世代も確実にいい方向に変わっていけるはずです
ぐっ
さあ これからまた新たなスタートだ！

本書を制作するにあたり、様々な資料を参考にさせていただきました。
御礼とともにご紹介させていただきます。

参考文献（順不同）

『SDGsが問いかける経営の未来』モニターデロイト編，日本経済新聞出版社
『SDGs経営　Vol.1 創造性とイノベーション（2019年3月3月号別冊）』織田竜輔ほか，日本ビジネス出版

参考URL（順不同）

国連広報センター　https://www.unic.or.jp/

UNICEF 東京事務所　https://www.unicef.org/tokyo/jp/

公益財団法人日本ユニセフ協会　https://www.unicef.or.jp/

UNHCR 日本　https://www.unhcr.org/jp/

公益社団法人 日本WHO協会　https://www.japan-who.or.jp/

国際通貨基金　https://www.imf.org/external/japanese/

国連開発計画（UNDP）駐日代表事務所 http://www.jp.undp.org/

国際労働機関（ILO）駐日事務所　https://www.ilo.org/tokyo/

WWFジャパン　https://www.wwf.or.jp/

世界銀行 東京事務所　https://www.worldbank.org/ja/country/japan

アフリカ開発銀行グループ　https://afdb-org.jp/

内閣府　https://www.cao.go.jp/

外務省　https://www.mofa.go.jp/mofaj/

環境省　http://www.env.go.jp/

厚生労働省　https://www.mhlw.go.jp/

農水省　http://www.maff.go.jp/

経済産業省　https://www.meti.go.jp/

中小企業庁　https://www.chusho.meti.go.jp/

独立行政法人 国際協力機構　https://www.jica.go.jp/

全国地球温暖化防止活動推進センター　https://www.jccca.org/

国立研究開発法人 国立環境研究所　https://www.nies.go.jp/

国立研究開発法人 科学技術振興機構　https://www.jst.go.jp/

公益社団法人 国際農林業協働協会　https://www.jaicaf.or.jp/

一般社団法人 英語4技能・探究学習推進協会　https://esibla.or.jp

一般財団法人 日本立地センター　http://www.jilc.or.jp/

一般財団法人 国際開発センター　https://www.idcj.jp/

一般社団法人 SDGs支援機構　https://sdgs-support.or.jp/

一般社団法人イマココラボ　https://imacocollabo.or.jp/

経団連　http://www.keidanren.or.jp/

ユニリーバ・ジャパン・ホールディングス株式会社
https://www.unilever.co.jp/

株式会社クボタ　https://www.kubota.co.jp/

味の素株式会社　https://www.ajinomoto.co.jp/

株式会社 LITALICO（りたりこ）　http://litalico.co.jp/

ユニ・チャーム株式会社　http://www.unicharm.co.jp/

株式会社 LIXIL　https://www.lixil.co.jp/

スターバックス コーヒー ジャパン 株式会社
https://www.starbucks.co.jp/company/

株式会社 TESS　http://www.h-tess.com/

三井住友建設株式会社　https://www.smcon.co.jp/
株式会社コークッキング　https://www.cocooking.co.jp/

三菱電機株式会社　https://www.mitsubishielectric.co.jp/

株式会社フーディソン　https://foodison.jp/

AMERICAN ROBOTICS　https://www.american-robotics.com/

Apple Japan　https://www.apple.com/jp/

日立キャピタル株式会社　https://www.hitachi-capital.co.jp/

サラヤ株式会社　https://www.saraya.com/

一般社団法人ラバルカグループ　https://labarca-group.jp/

三承工業株式会社　http://www.sunshow.jp/

パルシステム生活協同組合連合会　https://www.pal-system.co.jp/

江東区立八名川小学校　http://yanagawa-sho.koto.ed.jp/

国際協力NGOジョイセフ　https://www.joicfp.or.jp/

株式会社日本フードエコロジーセンター　http://www.japan-fec.co.jp/

株式会社ヤクルト本社　https://www.yakult.co.jp/

住友化学株式会社 https://www.sumitomo-chem.co.jp/

大和証券株式会社　https://www.daiwa.jp/

吉本興業ホールディングス株式会社　http://www.yoshimoto.co.jp/corp/

日経電子版　https://www.nikkei.com/

朝日新聞デジタル　https://www.asahi.com/

BBC NEWS JAPAN　https://www.bbc.com/japanese

AFPBB News　https://www.afpbb.com/

サステナブル・ブランド ジャパン　https://www.sustainablebrands.jp/

Keidanren SDGs　https://www.keidanrensdgs.com/

SDGs総研　https://www.sdg-s.jp/

2030 SDGsで変える　https://miraimedia.asahi.com/

Edu Town SDGs　https://sdgs.edutown.jp/

SDGs JOURNAL　https://sdgs-support.or.jp/journal/

株式会社大井川茶園　https://www.ooigawachaen.co.jp/

巻末付録

大井川茶園では、SDGsに関するチラシが社内のいたるところに貼り出されています。ここではその一部をご紹介しましょう！

大井川茶園

『ＳＤＧｓ』を通じて、豊かで活力ある未来を創造する会社を目指す。
お茶の普及により人の心を豊かにする。

SUSTAINABLE DEVELOPMENT GOALS

当社は、17の国際目標の内、この5つを開発目標として掲げます。

3 すべての人に 健康と福祉を
7 エネルギーをみんなに そしてクリーンに
8 働きがいも 経済成長も
9 産業と技術革新の 基盤をつくろう
12 つくる責任 つかう責任

経　営　理　念

- 「ダイナミズム」「イノベーション」「ハイスピード」「忍耐」が私たちの経営キーワードです。
  お取引先様の満足度は、私たちのダイナミズムとイノベーションとハイスピードによってのみ実現可能になります。常に会社は、この経営キーワードを基本とします。
- 日本の茶文化の振興が私たちの究極の命題です。
  茶文化の振興と共に私たちの会社は存在しております。会社存続は、茶文化の振興によってのみ実現可能になります。
- 大井川茶園の目標の完遂と成功は私たちの誇りです。
  大井川茶園の目標の完遂と成功が多くの社会貢献を生み出します。その社会貢献は、完遂と成功によってのみ実現可能になります。

大井川茶園　成功を実現可能にする為の８ヵ条

1. 各自の『会社の代表』の自覚
2. 各自の『政治力と人脈』の積極的な構築
3. 各自の『技能技術』のアップ
4. 各自の『起承転結』の完遂
5. 各自の『人間力』の向上
6. 各自の『自己責任』の全う
7. 各自の『感謝の心』が成長の源
8. 各自の『起業家精神』『開拓精神』を養う

経営理念とSDGs目標が一緒になってるのね

普段から
慣れ親しむことが
大事なんだ！

大井川茶園

『SDGs』を通じて、豊かで活力ある未来を創造する会社を目指す。

お茶の普及により人の心を豊かにする。

目標を見直して
個人で何ができるか
考えるのもいいですね

SUSTAINABLE
DEVELOPMENT
GOALS
2030年に向けて
世界が合意した
「持続可能な開発目標」です

当社は、17の国際目標の内、この5つを開発目標として掲げます。

 3 すべての人に 健康と福祉を	**目標 3** **あらゆる年齢のすべての人々の健康的な生活を確保し、福祉を推進する。** Goal 3 Ensure healthy lives and promote well-being for all at all ages.	・お茶の販売を通した健康の普及活動 ・「癒しの禅」などの商品開発 ・NPO法人　茶食育をすすめる会による食育と伝統文化の振興活動 ・介護休暇支援
 7 エネルギーをみんなに そしてクリーンに	**目標 7** **すべての人々に手ごろで信頼でき、持続可能かつ近代的なエネルギーへのアクセスを確保する。** Goal 7 Ensure access to affordable, reliable, sustainable and modern energy for all.	・全館ＬＥＤ照明 ・太陽光発電システムの導入 ・使用電力監視ｼｽﾃﾑ導入による省ｴﾈ活動
 8 働きがいも 経済成長も	**目標 8** **すべての人々のための持続的、包摂的かつ持続可能な経済成長、生産的な完全雇用およびディーセント・ワークを推進する。** Goal 8 Promote sustained, inclusive and sustainable economic growth, full and productive employment and decent work for all.	・最大1年間の育児休暇支援 ・残業時間 月間60時間以下 ・社員スタッフのライフスタイルやモチベーションに合せた人事（職務配置） ・「ダイナミズム」「イノベーション」「ハイスピード」「忍耐」を機軸とした経営理念
 9 産業と技術革新の 基盤をつくろう	**目標 9** **レジリエントなインフラを整備し、包摂的で持続可能な産業化を推進するとともに、イノベーションの拡大を図る。** Goal 9 Build resilient infrastructure, promote inclusive and sustainable industrialization and foster innovation.	・荒茶から仕上げ、包装から出荷まで一貫した生産体制（バーチカル・インテグレーション・ファクトリー）の保有 ・ISO9001，FSSC22000規格の運用による生産技術、ならびに品質管理および食品安全管理の継続的改善体制の保有
 12 つくる責任 つかう責任	**目標 12** **持続可能な消費と生産のパターンを確保する。** Goal 12 Ensure sustainable consumption and production patterns.	・ISO9001認証規格の取得（本社） ・FSSC22000認証規格の取得（MATCHA工場）による持続的な食品安全管理体制の保有 ・一般社団法人 ジャパン・フードバンク・リンクへの参加と支援活動

【監修】SDGsビジネス総合研究所 ――経営戦略会議――

2017年に株式会社村井総合研究所と株式会社大井川茶園が、SDGsの考え方に共鳴し、その実現のため開設した未来型ビジネスの研究組織。これまでは、株式会社大井川茶園のSDGs活動推進の核となってきたが、今後は中小企業を主としたSDGsの導入から社員への浸透、推進・実践までの総合的コンサルティングを行うとともに、出版活動などを通じてSDGsについての啓蒙活動を行う。

編集協力	サイドランチ
作画	河村 万理
漫画構成	岡崎 圭
制作	加藤 朋実・岡田 大輝・かんようこ・ 武楽清・みじんコ王国・玉理まや・大沢 肇
シナリオ	上原さんじ
本文デザイン/DTP	CIRCLEGRAPH
装丁	神長文夫 + 松岡昌代

マンガでわかるSDGs

2019年 9 月25日 第 1 版第 1 刷発行
2021年 9 月13日 第 1 版第 8 刷発行

監修者	SDGsビジネス総合研究所 経営戦略会議
発行者	岡 修平
発行所	株式会社PHPエディターズ・グループ 〒135-0061 江東区豊洲 5-6-52 ☎ 03-6204-2931 http://www.peg.co.jp/
印刷所 製本所	図書印刷株式会社

ISBN978-4-909417-41-1